1000 SACHEN

zum Selbermachen

Experimentieren

Gestalten

Rezepte

Gärtnern

Experimentieren

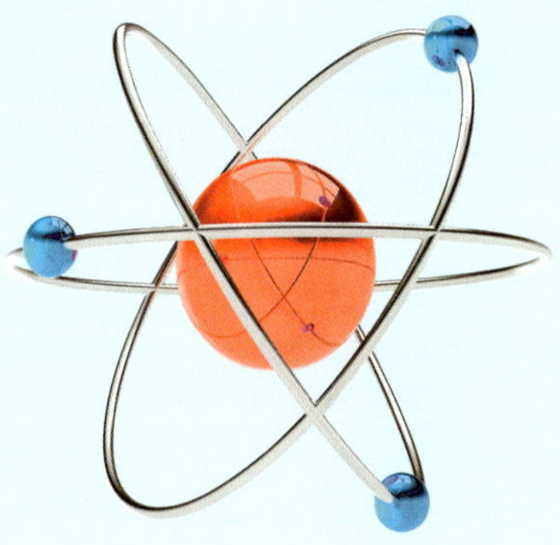

Gestalten

Rezepte

Vorbereitung Experimentieren

Wenn du ein richtig guter Forscher oder eine richtig gute Forscherin werden willst, musst du Augen und Ohren immer offen halten: Die Sinne helfen dir, deine Umgebung ganz genau wahrzunehmen. Die Dampfmaschine zum Beispiel wurde entwickelt, weil jemand genau beobachtet hat, wie ein Topf mit Wasser auf dem Feuer kochte.

1

Sei neugierig und stelle dir viele Fragen. Die Forschung geht den Dingen auf den Grund und versucht sie zu verstehen.

2

Trage immer einen kleinen Block bei dir, auf dem du deine Einfälle und Ideen notieren kannst. Leonardo da Vinci hatte immer einen dabei.

Wusstest du?

... dass Entdeckung und Erfindung zwar ganz ähnlich klingen, aber doch zwei ganz unterschiedliche Bedeutungen haben?

Die Entdeckung ist etwas, was es schon gibt, aber noch gefunden werden muss. Als zum Beispiel Latex entdeckt wurde, haben die Menschen daraus Gummi herstellen können.

Die Erfindung hingegen ist etwas ganz Neues, was noch gar nicht existierte, bevor es sich jemand ausgedacht hat. Die Entdeckung des Gummis hat die Erfindung des Reifens möglich gemacht.

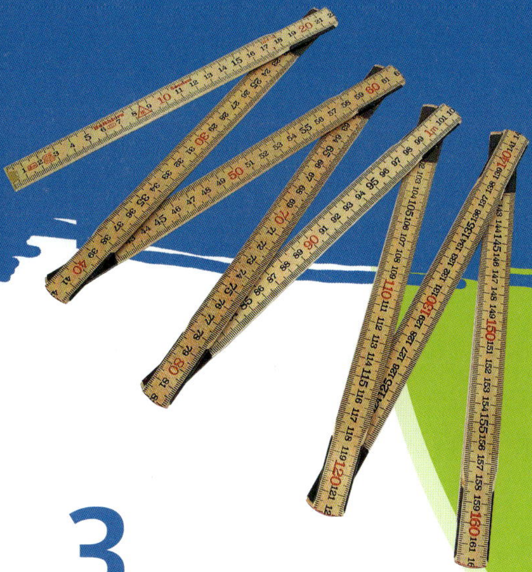

1 Notizblock

1 Stift

1 Schürze

1 Metermaß

1 Stoppuhr

1 Taschenrechner

1 Lupe

3

Studiere genau
die Erfindungen und
Entdeckungen, die es
schon gibt und die dich
am meisten interessieren.

4

Welche Erfindungen
und Entdeckungen
könnten für die Mensch-
heit noch von Nutzen
sein? Du hast bestimmt
ein paar gute Ideen!
Gehe bei deinen Ent-
wicklungen aber immer
bedacht und vorsichtig
vor!

5

Verliere nicht die Geduld
bei deinen Forschungen.
Edison machte 1200 Ex-
perimente, bevor seine
Glühbirne funktionierte.

Das Foucaultsche Pendel

„Und sie bewegt sich doch!", rief Galileo Galilei aus, als er erkannte, dass die Erde nicht still steht, sondern sich um die eigene Achse dreht. Diese Entdeckung wurde jedoch erst 1851 von dem französischen Physiker Foucault mit einem Pendelexperiment nachgewiesen.

1

Zeichne mit dem Zirkel einen Kreis von 20 cm Durchmesser auf die Pappe und teile ihn in 16 gleich große Stücke.

2

Jetzt baust du dir dein Pendel: Binde das Gewicht an die Schnur und hänge diese mit einem Haken an die Decke.

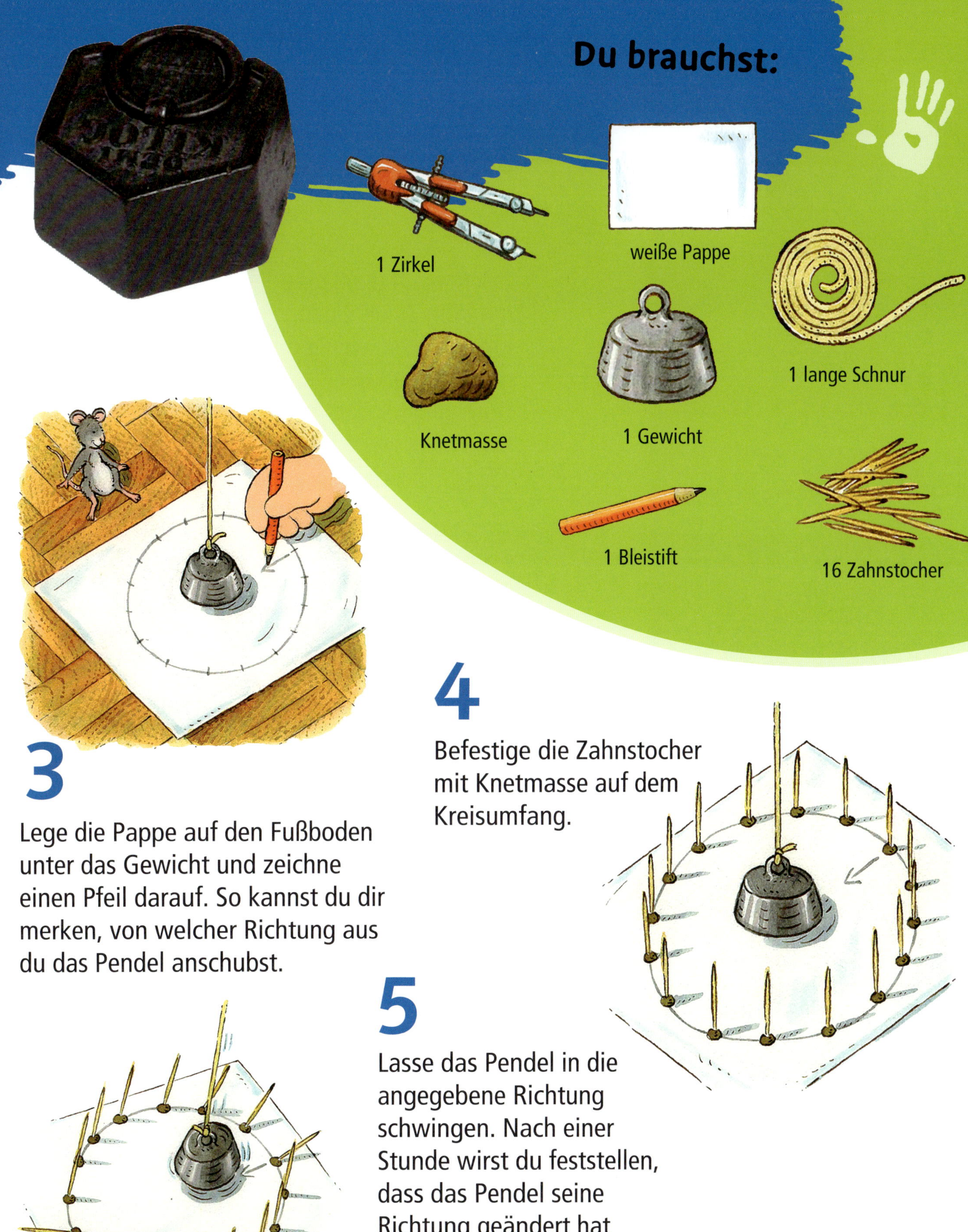

3

Lege die Pappe auf den Fußboden unter das Gewicht und zeichne einen Pfeil darauf. So kannst du dir merken, von welcher Richtung aus du das Pendel anschubst.

4

Befestige die Zahnstocher mit Knetmasse auf dem Kreisumfang.

5

Lasse das Pendel in die angegebene Richtung schwingen. Nach einer Stunde wirst du feststellen, dass das Pendel seine Richtung geändert hat und nun andere Zahnstocher als am Anfang umwirft.

Das Planetarium

... dass ein Planetarium ein Gebäude mit einer großen Kuppel ist, in der der Sternhimmel dargestellt ist?

Ein spezieller Projektor bildet in der Kuppel des Planetariums das Himmelsgewölbe und die Bewegungen der Sterne ab.

Früher orientierten sich die Seeleute an der Position der Sterne, um sich auf dem Meer nicht zu verirren. Dazu benutzten sie ein Instrument, das man Astrolabium nennt.

1

Zeichne auf die Pappe mit dem Zirkel einen Kreis, der ein wenig größer ist als der Durchmesser der Papprolle.

2

Auf die Pappscheibe zeichnest du das Sternbild von Kassiopeia, dem Kleinen Wagen und dem Polarstern, so wie du es auf dem Bild siehst.

3

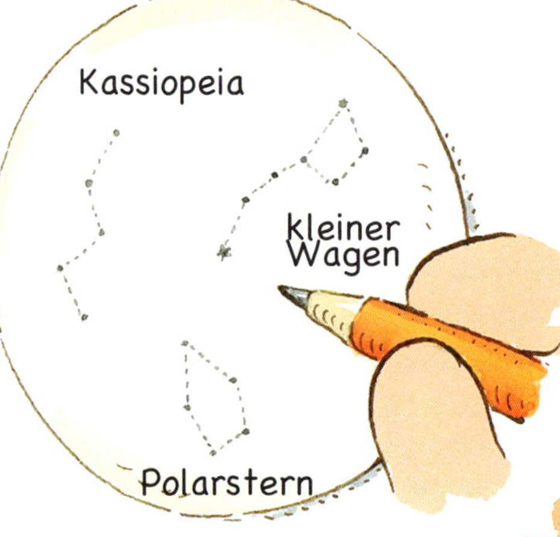

Mit der Nadelspitze markierst du die einzelnen Sterne.

4

Klebe die Pappscheibe mit der Himmelskarte vorne auf die Rolle und lasse das Ganze trocknen.

5

Gehe in ein dunkles Zimmer, schalte die Taschenlampe an und stecke sie in die Papprolle. An der Decke erscheint dein Planetarium!

6

Lasse die Rolle kreisen: Die Sternbilder werden sich um den Polarstern drehen, so wie es am realen Sternenhimmel geschieht.

Die Sonnenuhr

Zeichne auf die Holztafel mit dem Winkelmesser einen Halbkreis.

Wusstest du?

... dass die Menschen im Altertum die Zeit mithilfe von Naturereignissen bestimmt haben (mit den Jahreszeiten, Ebbe und Flut, dem Mondzyklus usw.)?

Der erste „Zeitanzeiger" wurde 1500 vor Christus erfunden und wurde Sonnenuhr genannt. Danach kam die Sanduhr.

Im 17. Jahrhundert entwickelte der holländische Wissenschaftler Christian Huygens die Pendeluhr.

2

Mache nach jeweils 15° einen kleinen Strich. Die Erde dreht sich alle 24 Stunden um 360°. Das heißt, dass 15° einer Stunde entsprechen.

3

Schneide aus dem Karton ein rechtwinkliges Dreieck aus. Der Winkel α muss mit dem Breitengrad des Ortes übereinstimmen, in dem du wohnst.

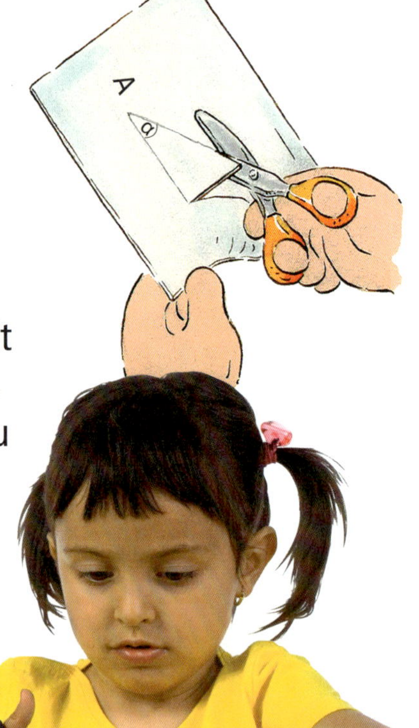

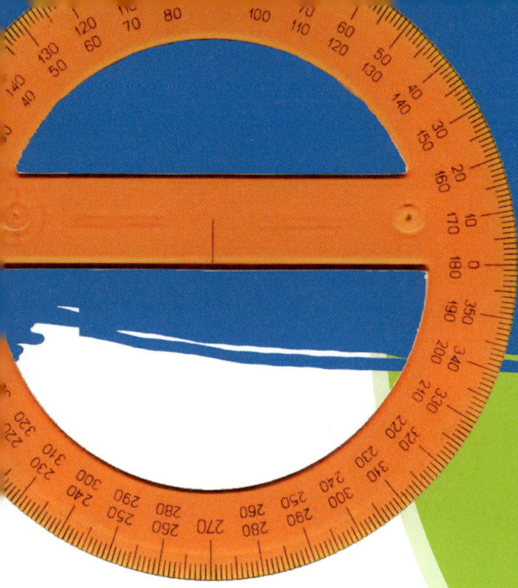

Du brauchst:

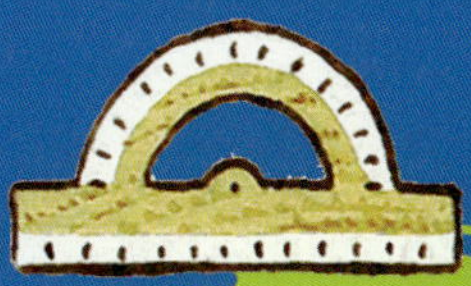

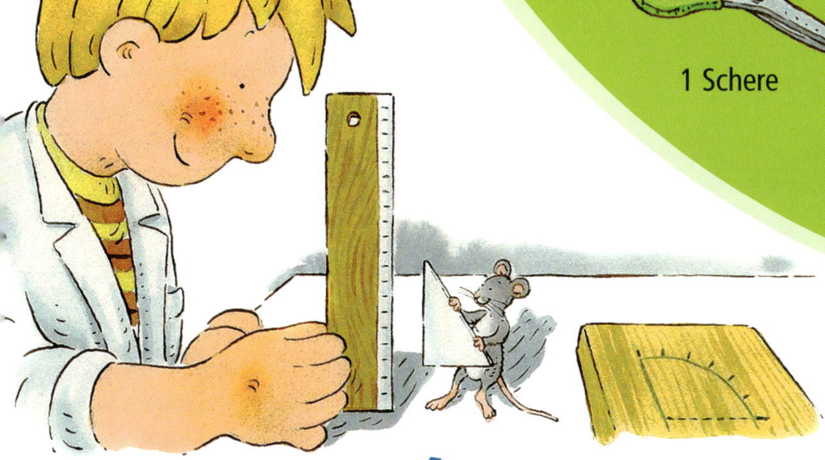

4

Die Seite, die dir als Basis dient, muss dieselbe Länge haben wie der Radius des Halbkreises.

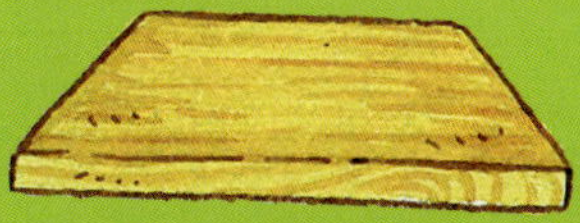

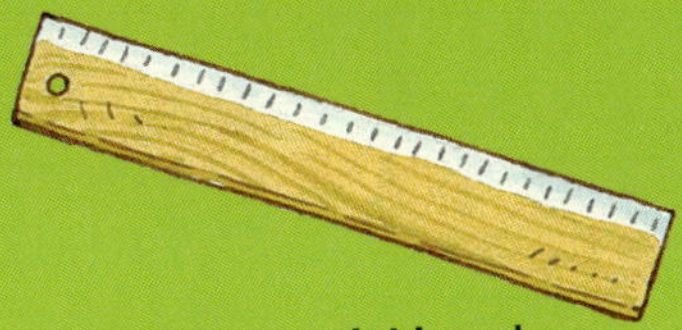

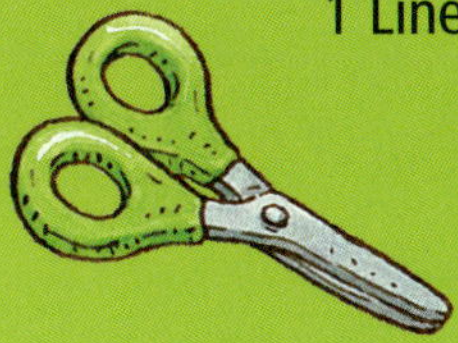

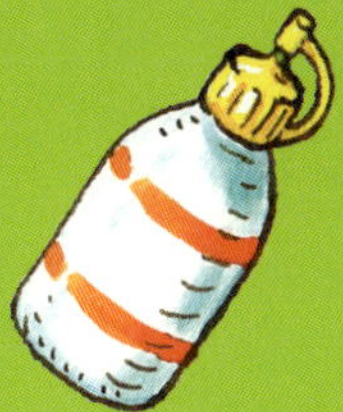

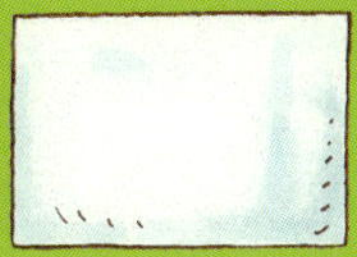

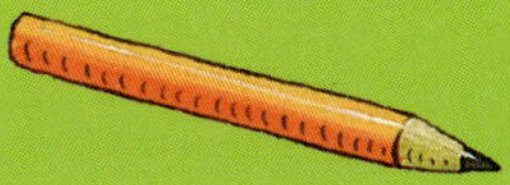

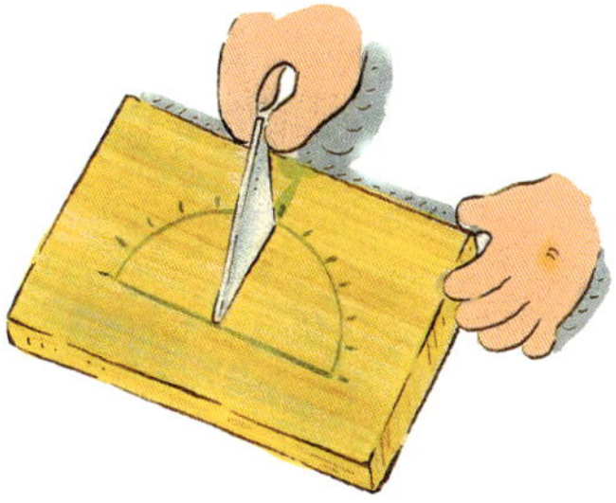

5

Klebe das Dreieck so auf die Mitte des Halbkreises, dass der Scheitelpunkt des Winkels α mit der Mitte des Halbkreises zusammenfällt.

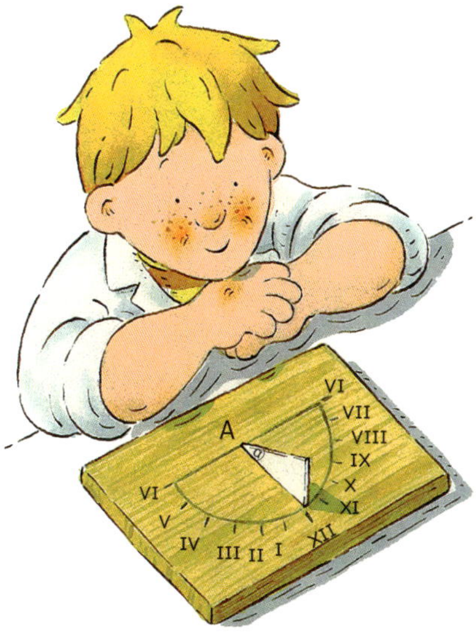

6

Schreibe die Ziffern auf die Holztafel, so wie es dargestellt ist. Stelle die Sonnenuhr so auf, dass der Punkt A nach Süden zeigt.
An sonnigen Tagen wird dir der Schatten die genaue Zeit angeben.

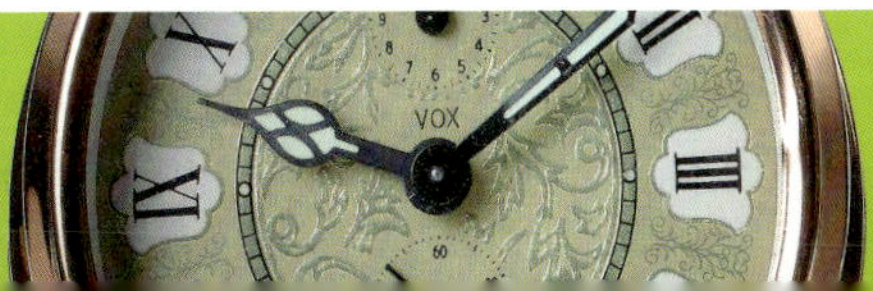

Das Barometer

... dass man mit einem Barometer den Luftdruck misst?

Wenn sich der Luftdruck erhöht (Hochdruck), wird die Luft in der Flasche zusammengepresst. Die Flüssigkeit im Trinkhalm sinkt nach unten. Dies bedeutet schönes Wetter.

Und umgekehrt steigt die Flüssigkeit im Trinkhalm nach oben, wenn sich der Luftdruck verringert (Tiefdruck). Dies bedeutet, dass es regnen könnte.

1

Bohre in den Plastikstöpsel ein Loch, das groß genug ist, dass der Trinkhalm hineinpasst.

2

Mische die Tinte und das Wasser zu gleichen Teilen und gieße davon ca. 2 cm in die Flasche.

3

Verschließe die Flasche mit dem Stöpsel und versichere dich, dass der Trinkhalm den Boden berührt.

4

Schmilz das Wachs und streiche es rings um den Stöpsel und das Loch, in dem der Trinkhalm steckt, um die Flasche luftdicht abzuschließen.

5

Sauge vorsichtig so lange am Trinkhalm, bis das Wasser-Tinten-Gemisch die Mitte erreicht.

6

Stopfe die Watte in das obere Ende des Trinkhalms, damit das Wasser nicht verdunsten kann. Fertig ist dein Barometer.

Das archimedische Prinzip

Die erste besteht darin, dass man ihn größer macht, er aber sein Gewicht behält.

Die zweite Möglichkeit besteht darin, das Wasser schwerer zu machen, indem man Salz darin auflöst. Ein Ei geht in Süßwasser unter, während es in Salzwasser schwimmt.

In Seen mit sehr salzigem Wasser, wie dem Toten Meer, kann sich sogar eine ganz schwere Person aufs Wasser legen ohne unterzugehen.

Archimedes (287–212 v. Chr.) sollte den Rauminhalt (Volumen) einer Krone berechnen, um herauszufinden, wie wertvoll sie sei. Als er abends in die Wanne stieg, schwappte das Wasser über und Archimedes hatte eine Idee: Wenn er die Krone in einen randvoll gefüllten Becher tauchen würde, könnte er das überlaufende Wasser auffangen und das Volumen der Krone berechnen. Er rief: „Heureka!", das heißt auf Altgriechisch: „Ich habe es gefunden."

1

Bohre ein Loch in die Seite der Flasche, stecke den Schlauch hinein und befestige ihn mit Knetmasse.

2

Wiege den kleinen Behälter mit Wasser, dann das Glas und schreibe dir die Gewichte auf. Fülle die Flasche bis unter den Schlauch mit Wasser.

1 Plastikschlauch

Knetmasse

1 Plastikflasche mit abgeschnittenem Flaschenhals

1 Krug

1 kleinen Behälter mit Wasser

1 Glas

1 Waage

3

Lege das Schlauchende in das Glas und tauche dann den Behälter mit Wasser in die Flasche.

4

Der Behälter verdrängt eine Menge Wasser, die schließlich im Glas landet. Wiege das Glas mit Wasser und ziehe das Gewicht des leeren Glases ab.

5

Das Gewicht des verdrängten Wassers ist gleich dem Gewicht des Behälters mit Wasser: So haben wir das „archimedische Prinzip" bewiesen!

Der Drachen

Klebe die Holzstäbchen so zusammen, dass sie ein Kreuz bilden, und befestige sie mit der Nylonschnur.

Wusstest du?

... dass der Drachen nicht nur ein Spielzeug ist, sondern dass er auch als wichtiges wissenschaftliches Instrument eingesetzt wurde?

Benjamin Franklin verwendete ihn für Studien zur Elektrizität. Guglielmo Marconi benutzte ihn als Antenne bei Experimenten zur Radioübertragung.

Schließlich diente der Drachen als mechanisches Modell, mit dem das Verhalten von Flugzeugen während des Fliegens beobachtet wurde.

2

Spanne die Nylonschnur so um das Kreuz, dass das Ganze eine Raute ergibt.

3

Schneide aus dem Papier eine Raute, die ein wenig größer ist als der Drachen.

4

Lege den Drachen auf die Papierraute, biege die Ränder um und klebe sie vorsichtig fest.

5

Befestige auf der Vorderseite in jeder Ecke des Drachens Nylonschnur.

6

Mache in der Mitte einen Knoten und binde eine ca. 5 m lange Leine daran fest. Jetzt ist er flugbereit!

Boot mit Düsenantrieb

... dass heutzutage die meisten Flugzeuge mit einem Düsenmotor funktionieren?

1927 startete Charles Lindbergh mit einem kleinen Flugzeug von New York und landete nach 33 Stunden Flug ohne Pause in Paris. Dort wurde er von einer begeisterten Menschenmenge empfangen.

Heute ist es alltäglich, das Flugzeug als Fortbewegungsmittel zu benutzen, weil Fliegen die schnellste Möglichkeit ist, um von einem Ort zum anderen zu kommen. Das derzeit größte Passagierflugzeug ist der Airbus A380.

1

Bohre mit der Nadel ein kleines Loch in die Mitte des Flaschendeckels.

2

Biege die zwei Eisendrähte so, wie es unser Bild zeigt. Die Flasche muss durch die beiden Ringe passen.

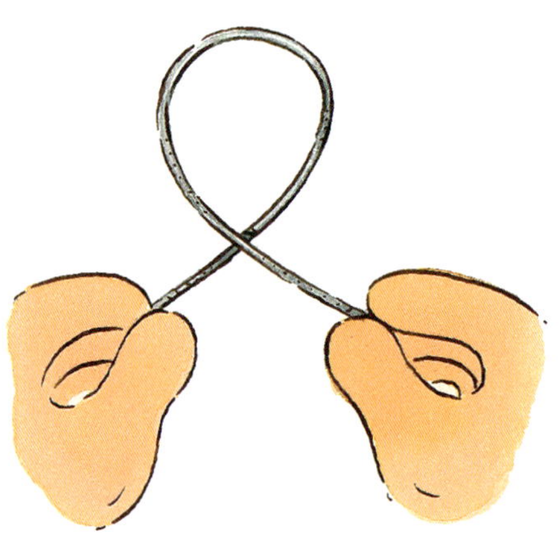

3

Befestige die Drahtspitzen in der Styroporplatte.

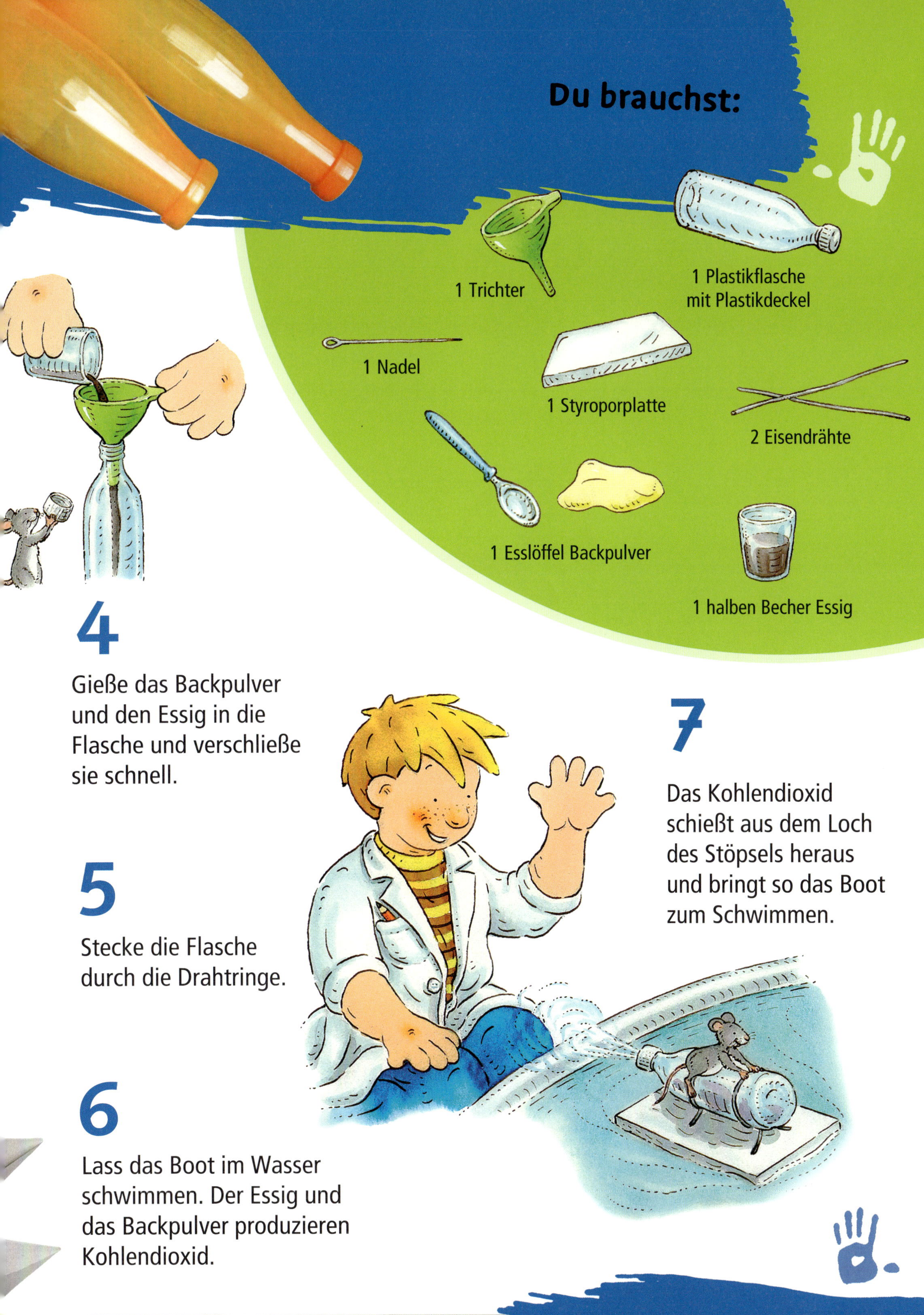

4

Gieße das Backpulver und den Essig in die Flasche und verschließe sie schnell.

5

Stecke die Flasche durch die Drahtringe.

6

Lass das Boot im Wasser schwimmen. Der Essig und das Backpulver produzieren Kohlendioxid.

7

Das Kohlendioxid schießt aus dem Loch des Stöpsels heraus und bringt so das Boot zum Schwimmen.

Die Glühbirne

... dass viele Dinge Energie in verschiedenen Formen freisetzen oder verbrauchen?

Essen gibt Energie.

Ein Fahrrad setzt dich in Bewegung.

Eine Taschen-
lampe erzeugt
Licht.

1

Bohre mit der Lochzange zwei Löcher im Abstand von 3 cm in den Dosendeckel.

2

Stecke zwei jeweils 5 cm lange Stücke Kabel durch die Löcher. Entferne an den Enden ein wenig die Plastikummantelung, sodass die Kupferdrähtchen herausschauen.

3

Schneide ein 6 cm langes Stück Kabel ab. Ziehe einen der kleinen Kupferdrähte heraus und wickle ihn um den Nagel.

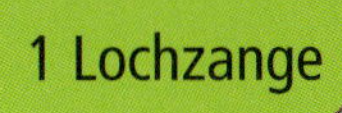

4

Ziehe den Nagel wieder heraus und verbinde die beiden Kabelenden mit dem gewellten Draht.

5

Verschließe die Dose und versiegle die beiden Löcher, in denen die Kabel stecken, mit Knetmasse.

6

Verbinde die beiden Kabel mit den Batteriepolen und stecke sie dann an den Schalter. Die „Glühbirne" brennt.

Der Elektromagnet

... dass ein Elektromagnet ein Magnet ist, der mit Elektrizität funktioniert?

Wenn du dich mit dem Elektromagneten einem Nagel näherst, lädt sich dieser mit elektromagnetischer Energie auf und kann seinerseits wiederum andere Gegenstände aus Eisen anziehen.

Jetzt versuche einmal, eine Nadel der Länge nach und nur in einer Richtung am Elektromagnet zu reiben. Die Nadel wird nicht vom Magneten angezogen, sondern lädt sich mit Energie auf und wird selbst zum Magnet.

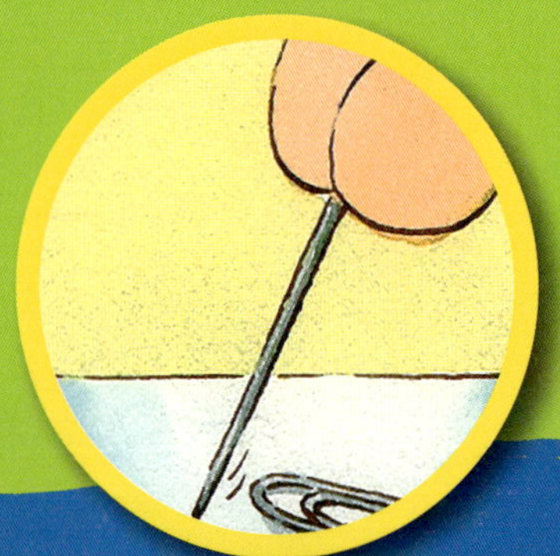

1

Stecke die Schraube durch die Holzspule und drehe die Mutter fest.

2

Wickle den Elektrodraht fest um die Spule und lasse ca. 12 cm auf beiden Seiten herunterhängen.

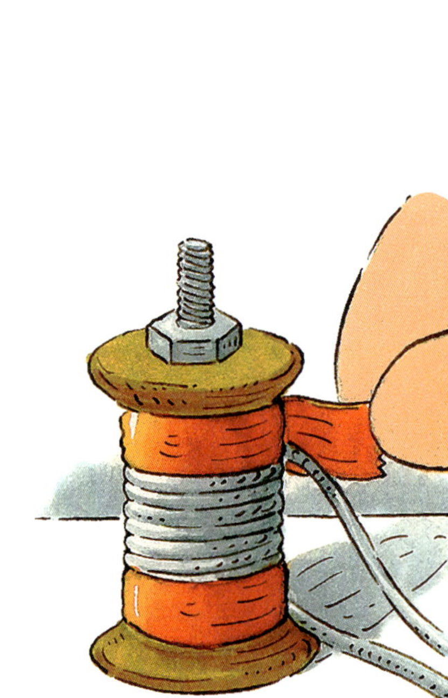

3

Klebe das Isolierband oben und unten über den Draht auf der Spule, sodass er sich nicht mehr lösen kann.

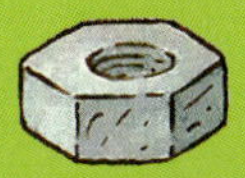

4

Entferne die Plastikverkleidung an den Kabelenden um jeweils 1 cm.

5

Befestige mit dem Klebeband ein Kabelende an einem Pol der Batterie.

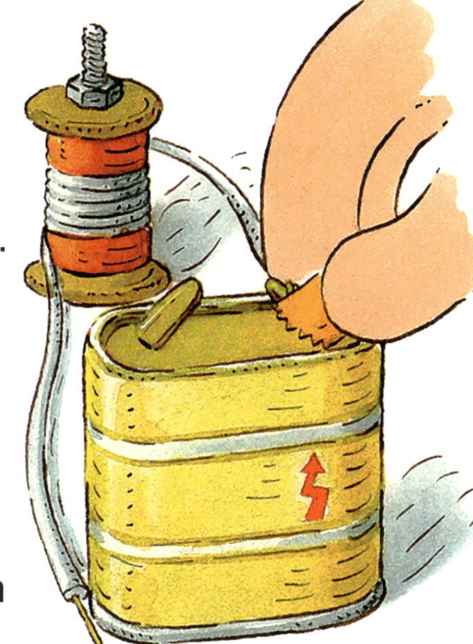

6

Klebe das andere Ende an den anderen Pol.
So wird die Schraube zum Elektromagneten.
Um den Kontakt wieder zu unterbrechen, genügt es, wenn du einen Draht ablöst.

Das Elektroskop

Wusstest du?

... dass sich die Enden eines Aluminiumstreifens umso weiter öffnen, je höher die elektrische Ladung ist?

Zu Punkt 6:
Die Enden des Aluminiumstreifens entfernen sich voneinander, weil sie beide mit Elektrizität desselben Vorzeichens geladen sind.

Mit dem Licht einer Taschenlampe projizierst du den Schatten an eine Wand. Dann kannst du den Aluminiumstreifen besser beobachten.

1

Bohre ein Loch in den Deckel und stecke den Kupferdraht hindurch.

2

Biege das untere Ende des Drahtes, das sich in dem Marmeladenglas befindet, zu einem rechten Winkel.

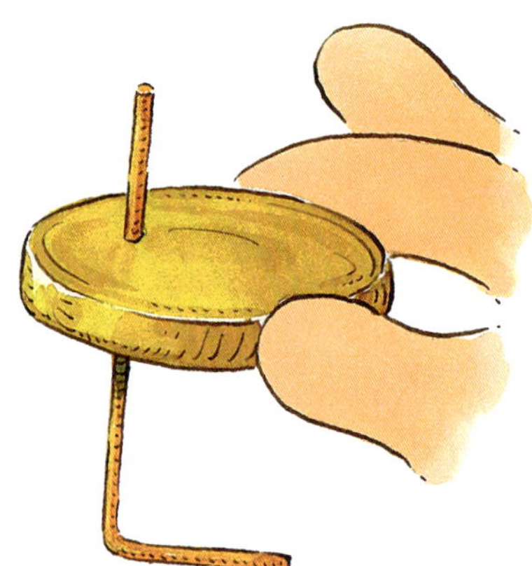

3

Falte den Aluminiumstreifen, hänge ihn über den Kupferdraht und schließe das Glas.

4

Erzeuge elektrische Ladung,
indem du den Kamm an
dem Wollstoff reibst.

5

Halte den Kamm an das
Drahtende, das aus dem
Deckel herausguckt.

6

Die beiden Hälften des
Aluminiumstreifens
öffnen sich und entfernen
sich voneinander.

Die Atomspaltung

1956 wurde in Calder Hall, England, das erste kommerziell genutzte Kernkraftwerk der Welt gebaut. Atomenergie kann zur Energiegewinnung genutzt werden. Atomkraftwerke sind aber auch sehr gefährlich.

1946 wurden von den Vereinigten Staaten mehrere Atomversuche auf dem Bikiniatoll im Pazifik durchgeführt.

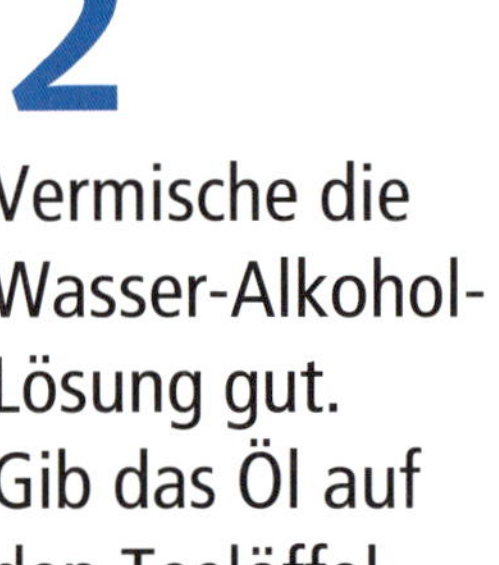

Alle Stoffe, von Metallen über Kunststoffe bis zu Tieren und Pflanzen, bestehen aus verschiedenen „Bausteinen". Diese Bausteine sind winzige Teilchen und werden Atome genannt. Das Atom besteht aus einem Kern und den Elektronen. Wenn der Atomkern gespalten wird, werden riesige Mengen an Energie freigesetzt.

1

Fülle den Messbecher mit zwei Dritteln Alkohol und einem Drittel Wasser. Das Gemisch gießt du dann in das Glas.

2

Vermische die Wasser-Alkohol-Lösung gut. Gib das Öl auf den Teelöffel.

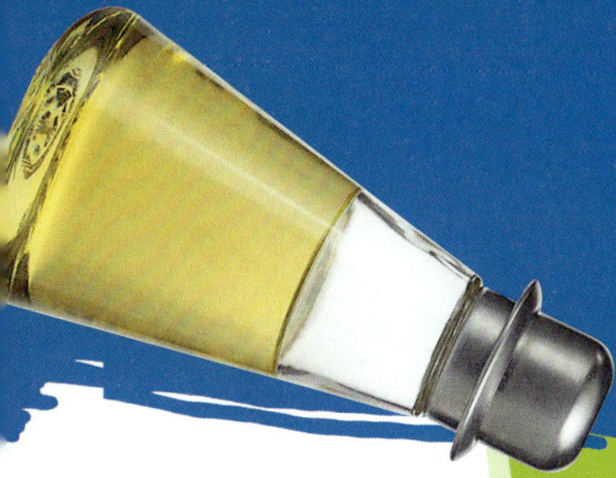

Du brauchst:

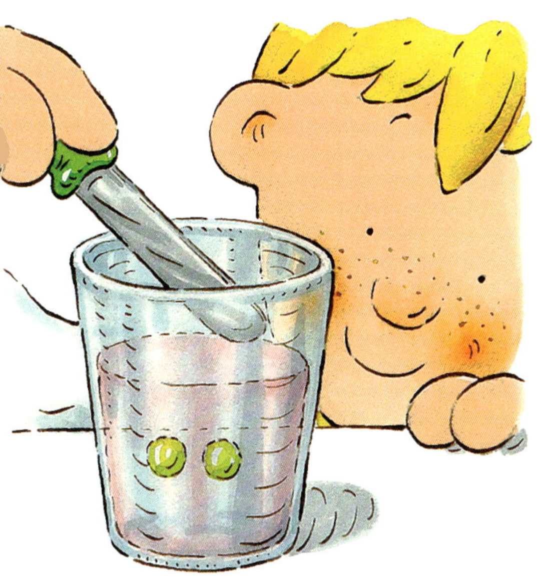

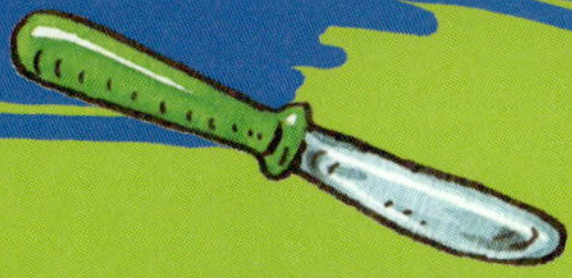

1 Messer

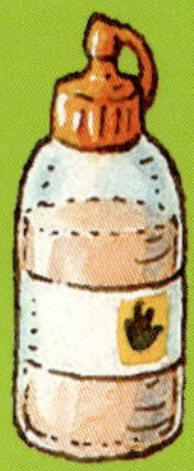

Alkohol

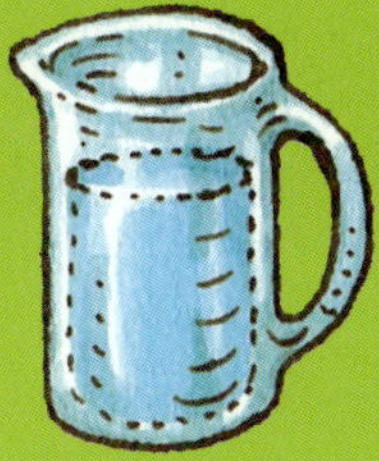

Wasser

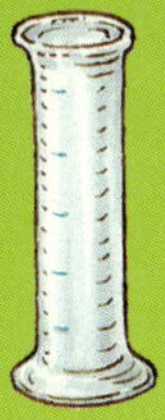

1 Messbecher

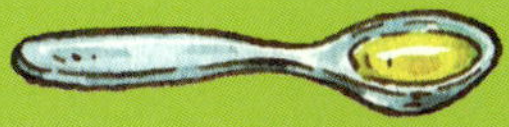

1 Teelöffel Öl

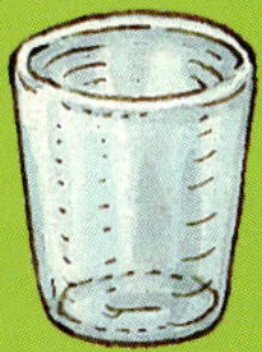

1 Glas

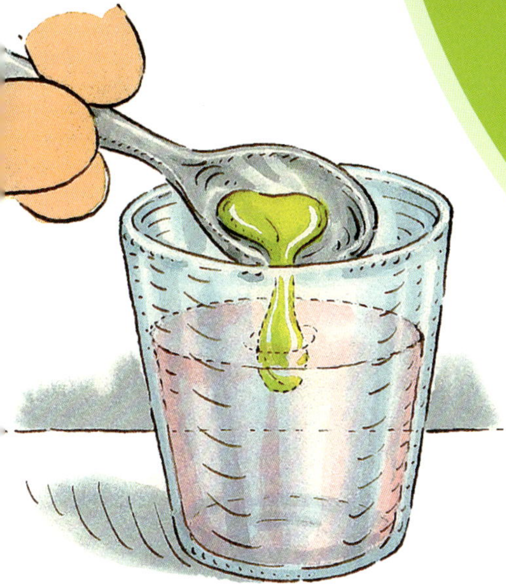

3

Gieße das Öl ganz langsam in das Glas, sodass sich eine Kugel bildet.

4

Die Kugel muss in der Mitte der Flüssigkeit schweben. Wenn sie oben bleibt, musst du noch ein wenig Alkohol hinzufügen; wenn sie zu weit unten ist, schüttest du noch etwas Wasser in das Glas.

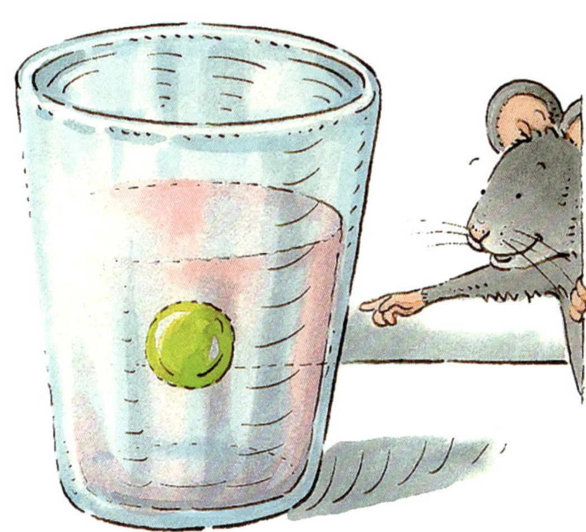

5

Schneide mit dem Messer die Kugel in zwei Hälften. Zunächst wird sie noch „Widerstand leisten“, aber dann wird sie sich in zwei Kugeln teilen, genau wie es beim Atom passiert.

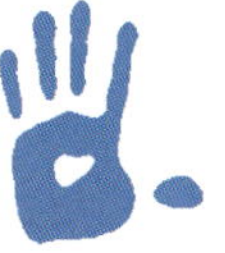

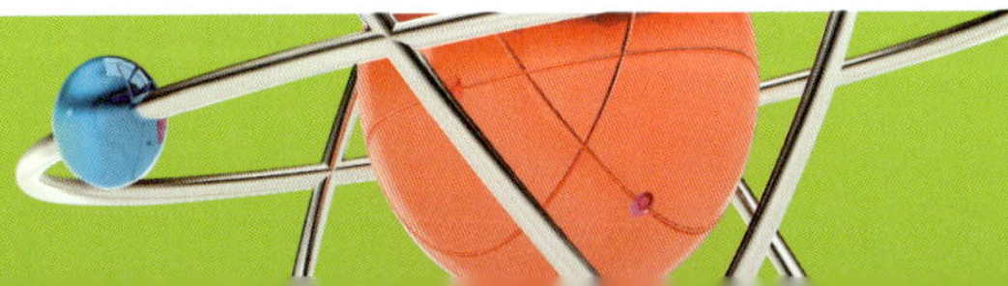

Das Mikroskop

Wusstest du?

… dass es viele verschiedene Instrumente gibt, um Dinge aus der Nähe zu betrachten?

Mit einer Lupe werden kleine Dinge ganz groß.

Das Mikroskop hilft dir, Dinge zu beobachten, die du mit bloßem Auge nicht erkennen kannst.

Mit dem Fernglas kannst du Dinge ansehen, die weiter weg sind.

1

Schneide das Metallplättchen so zurecht, wie es auf der untenstehenden Zeichnung angegeben ist.

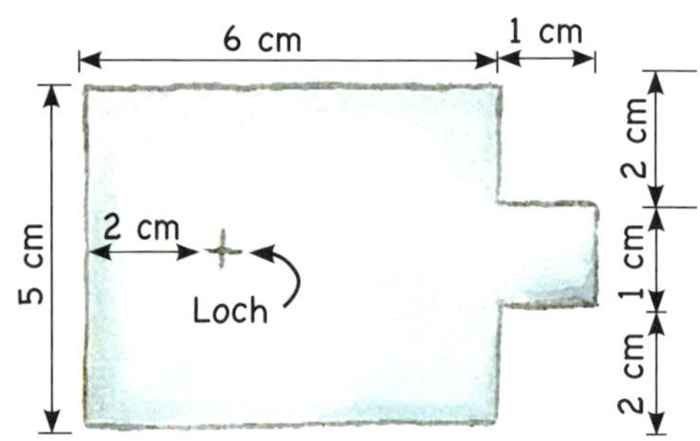

2

Lege das Plättchen auf die Holztafel und hämmere es fest.

3

Schlage den Nagel in die Holztafel und feile die Spitze des Nagels so lange, bis sie auf gleicher Höhe mit der Tafel ist. Ziehe den Nagel wieder heraus.

Du brauchst:

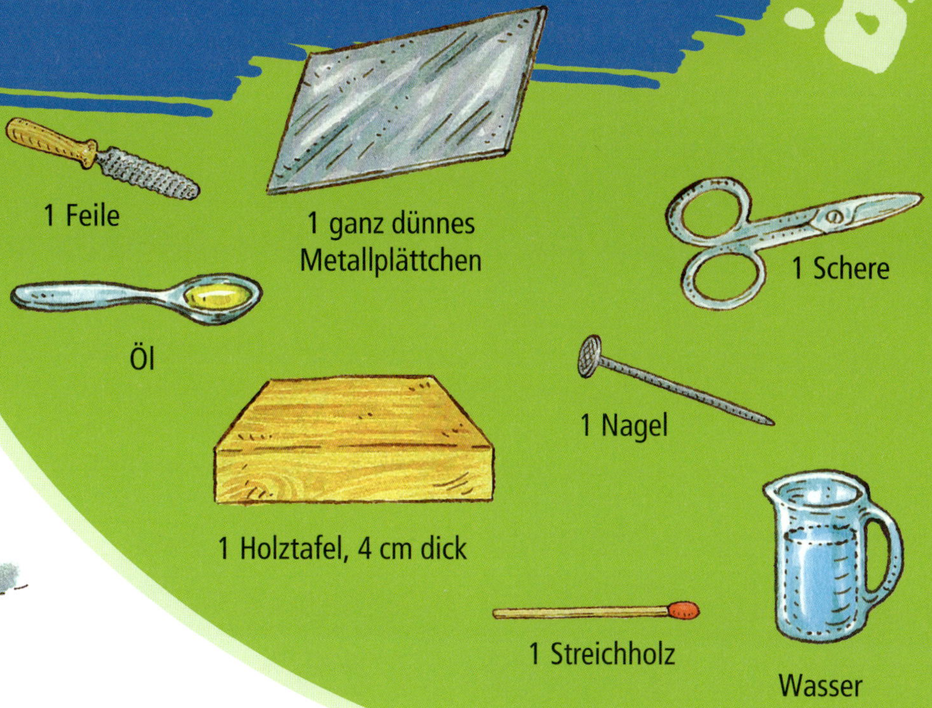

4

Lege das Metallplättchen auf die Holztafel und hämmere mit dem Nagel ein Loch in die vormarkierte Stelle.

5

Schmiere das Loch mit ein wenig Öl und lass einen Tropfen Wasser (mit einer Bleistiftspitze) auf das Loch herabtropfen.

6

Halte das Streichholz hinter das Loch und halte das Ganze gegen das Licht: Du siehst das Streichholz vergrößert.

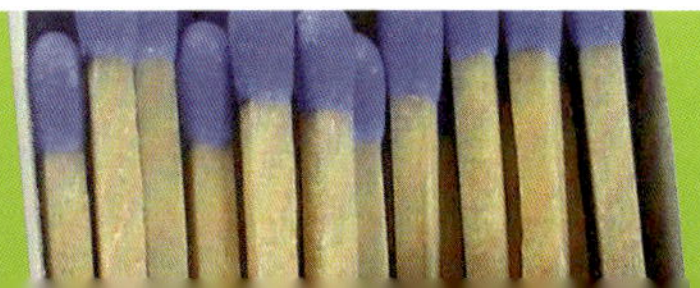

Das Oszilloskop

1

Schneide mit der Schere den unteren Teil eines Luftballons ab.

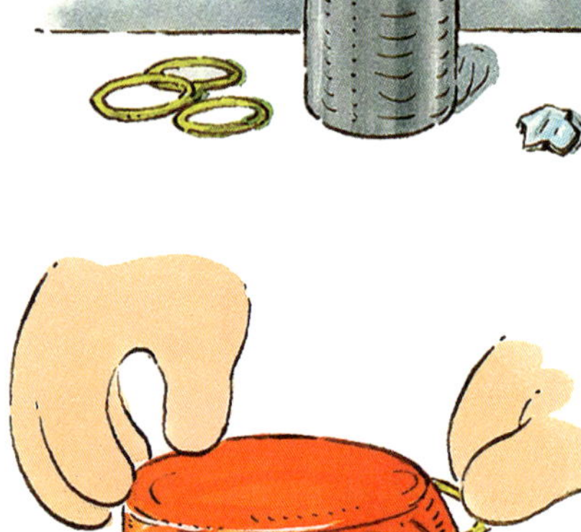

2

Spanne den Ballon über ein Ende des Rohres und befestige ihn mit den Haushaltsgummis.

3

Klebe den kleinen Spiegel obendrauf, aber nicht in die Mitte. Lasse ihn antrocknen.

Wusstest du?

... dass ein Oszilloskop ein Instrument ist, das die Schallschwingungen der Stimme in Lichtwellen umwandelt?

Der Schall ist eine Form von Energie. Wir nehmen den Ton wahr, wenn die Schwingungen unsere Ohren erreichen. Schwingungen sind ganz schnelle Bewegungen der Luft.

Der Schall in der Luft hat eine Geschwindigkeit von 340 Meter/Sekunde. Er verbreitet sich nicht im luftleeren Raum, deshalb sprechen die Astronauten untereinander immer über Funk.

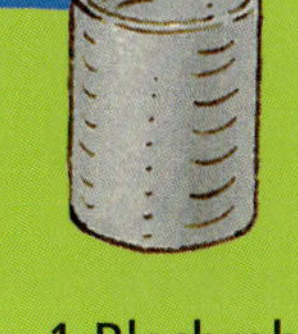
1 Blechrohr

1 Schere

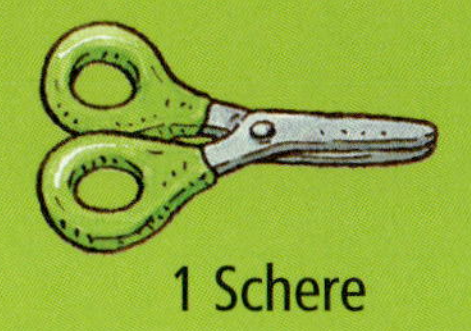
1 Luftballon

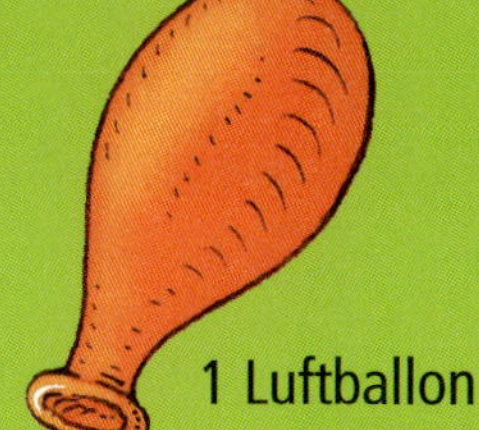
einige Haushaltsgummis

1 kleinen Spiegel
von 1 cm Durchmesser

Kleber

4

Stelle dich neben ein
Fenster, durch das die
Sonne scheint, und vor
eine schattige Wand.

5

Halte das Rohr mit der
offenen Seite so an deinen
Mund, dass der Spiegel
auf der Wand die Sonnen-
strahlen reflektiert.

6

Singe lang gezogene Töne
in das Rohr. Deine Stimme
bringt den Ballongummi
und den Spiegel zum
Vibrieren. Der Spiegel
wird dir schöne und
leuchtende Figuren
an die Wand zaubern.

Das Kaleidoskop

... dass das Wort „Kaleidoskop" aus dem Griechischen kommt und „schöne Bilder sehen" bedeutet?

Zu Punkt 2:
Falls die Glasscheibe nicht hält, musst du ihren Durchmesser vergrößern. Am besten geht das, wenn du eine Scheibe aus Pappe um sie herum klebst.

Zu Punkt 6:
Wenn du durch das Kaleidoskop schaust, siehst du ein schönes, buntes Bild, das aus vielen gleichen Teilen zu bestehen scheint. Wenn du es drehst und so das Konfetti zu tanzen beginnt, verändert das Bild seine Form.

1

Klebe die Spiegelfolie auf den Pappkarton und falte ihn zu einem Dreieck. Klebe die Ränder mit Klebeband fest.

2

Stecke das Dreieck in die Papprolle und befestige die Glasscheibe mit ca. 2 cm Entfernung vom Boden darüber.

3

Verteile ein wenig Konfetti auf der Glasscheibe.

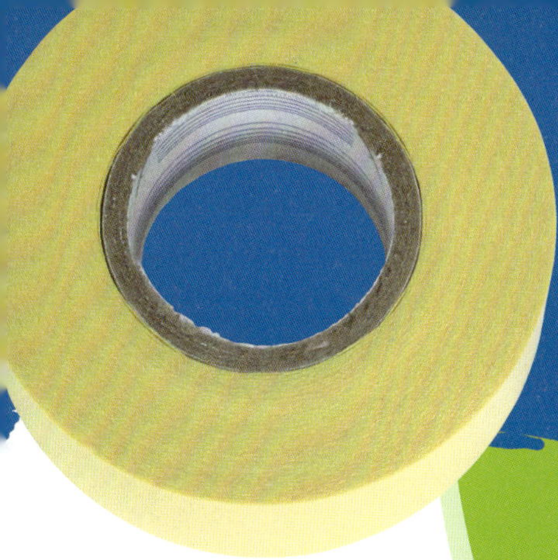

Du brauchst:

1 Pappkarton, 15 x 30 cm

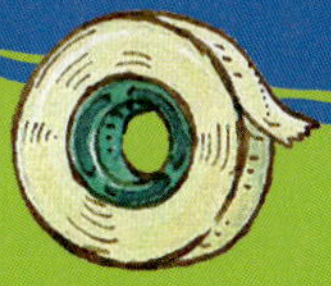

Klebeband

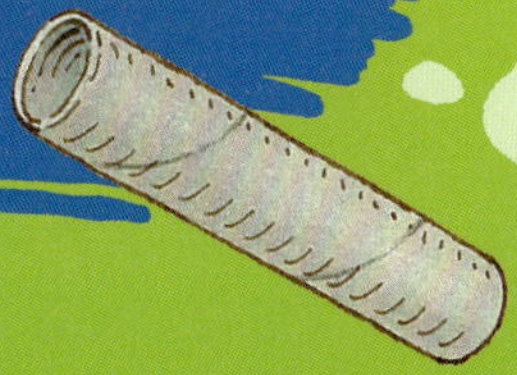

1 Papprolle von 5 cm Durchmesser

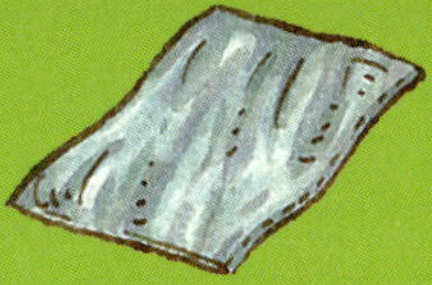

1 Stück Spiegelfolie

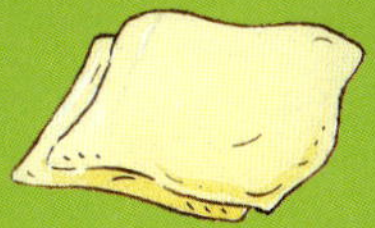

lichtdurchlässiges Pergamentpapier

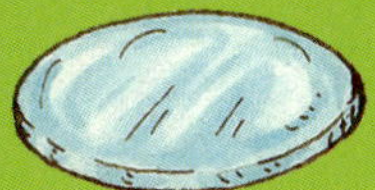

1 Glasscheibe, die etwas größer ist als die Papprolle

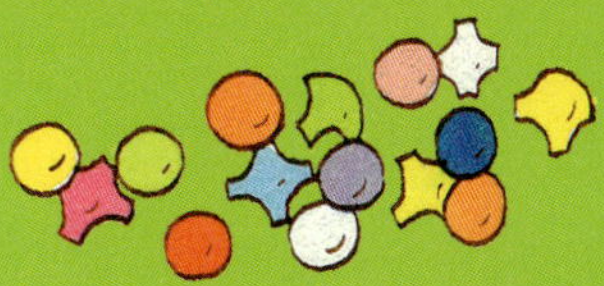

Konfetti

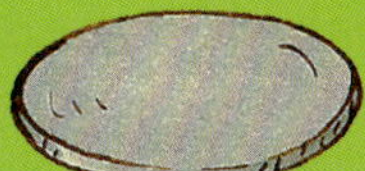

1 Pappscheibe von 5 cm Durchmesser

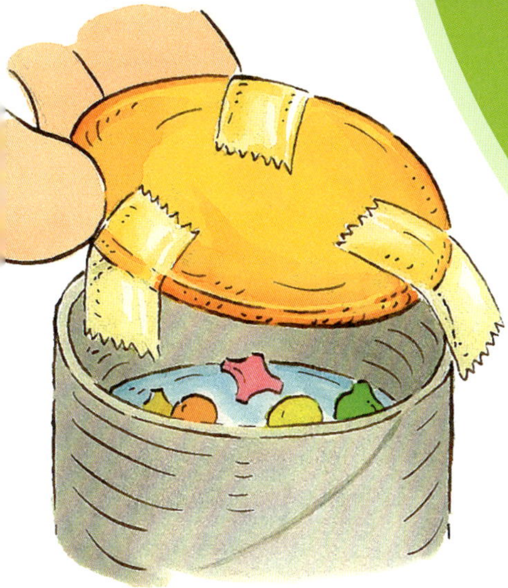

4

Verschließe die Rolle mit dem Pergamentpapier und klebe es mit Klebeband fest.

5

Bohre in die Pappscheibe ein kleines Loch und klebe sie an das andere Ende der Rolle.

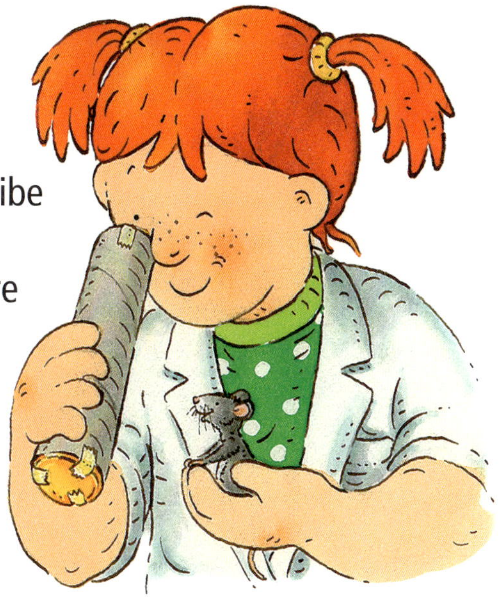

6

Jetzt kannst du durch das kleine Loch gucken: Dein Kaleidoskop ist fertig!

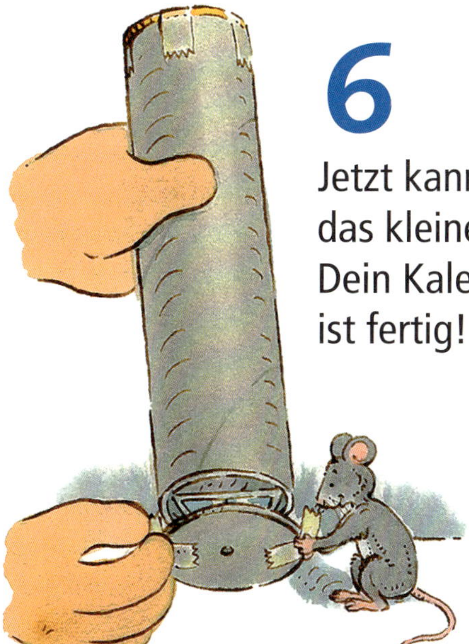

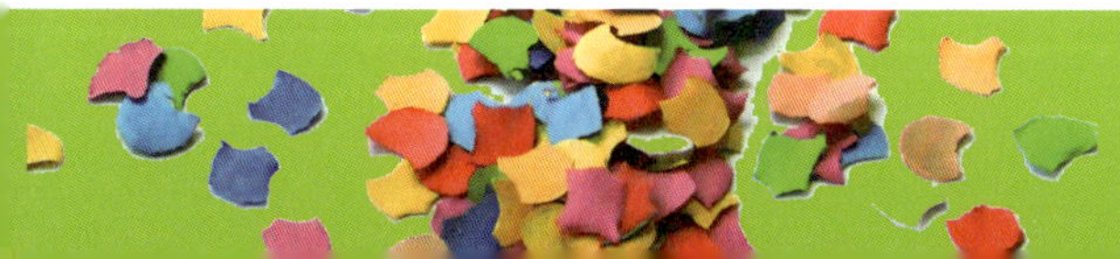

Das Stroboskop

Wusstest du?

... dass die Wirkung des Stroboskops auf einer optischen Täuschung beruht?

Zu Punkt 5:
Der Hausstrom ist Wechselstrom. Das heißt, dass das Licht in der Sekunde 100-mal an- und ausgeht. Aber die Augen können dies nicht wahrnehmen.

Zu Punkt 6:
Wenn du unseren Kreisel beobachtest, während er sich dreht, scheint es, als würden sich die einzelnen Teile nicht bewegen. In Wirklichkeit dreht sich der Kreisel so schnell, dass dein Auge das Muster auf ihm nicht mehr erkennen kann.

1

Zeichne mit dem Zirkel auf den Pappkarton einen 5 cm großen Kreis und unterteile ihn in vier gleich große Teile.

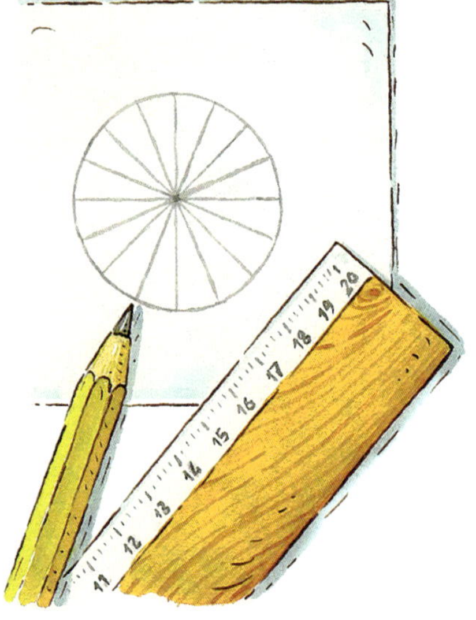

2

Halbiere die Winkel der vier Teile und halbiere die damit erhaltenen Winkel noch einmal. Jetzt hast du 16 gleichgroße Winkel.

3

Schneide die Scheibe aus und bohre in die Mitte mit der Stecknadel ein Loch. Bestreiche das Ende des Stöckchens mit Kleber.

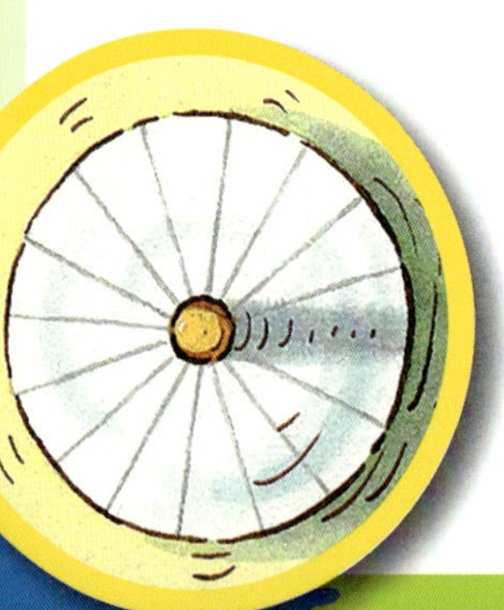

4

Klebe die Scheibe an dem Stöckchen fest und bohre von der anderen Seite der Pappe die Stecknadel durch das Holz.

5

Führe das Experiment unter dem künstlichen Licht einer Glühbirne durch. Lasse die Scheibe auf der Stecknadel rotieren, als wäre sie ein Kreisel.

6

Du hast bestimmt den Eindruck, als würde der Kreisel stehen bleiben oder als würden sich die Kreissegmente im entgegengesetzten Sinn drehen.

Das Telefon

Die Möglichkeit, auch über weite Entfernungen hinweg miteinander zu sprechen, schien völlig undenkbar zu sein bis zu dem Tag, an dem Antonio Meucci das Telefon erfand. Antonio Meucci war ein florentinischer Mechaniker, der in die Vereinigten Staaten auswanderte. Durch das Umwandeln von Schallwellen in elektrische Stromschwankungen wurde es möglich, Wörter durch die Leitungen zu schicken.

1

Befestige das Krepppapier jeweils an einem Ende der beiden Rollen mit den Haushaltsgummis.

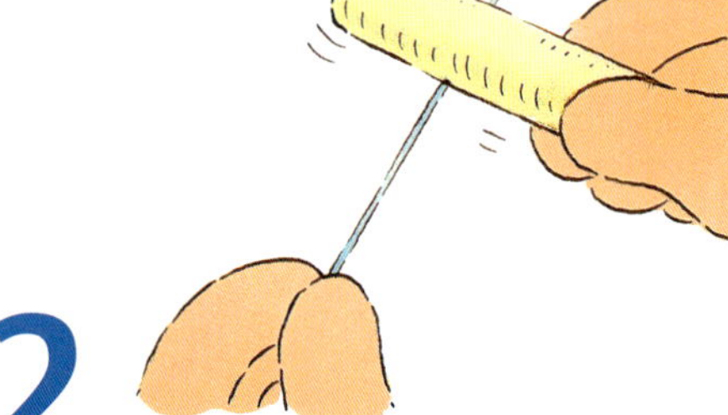

2

Reibe die Kerze mehrmals an der Schnur, sodass sie gut mit Wachs bedeckt ist.

... dass das Telefon nicht nur zum Sprechen benutzt wird?

Mit einem Bildtelefon kannst du deinem Gesprächspartner ins Gesicht sehen.

Mit einem Faxgerät kannst du Briefe und Bilder versenden und empfangen.

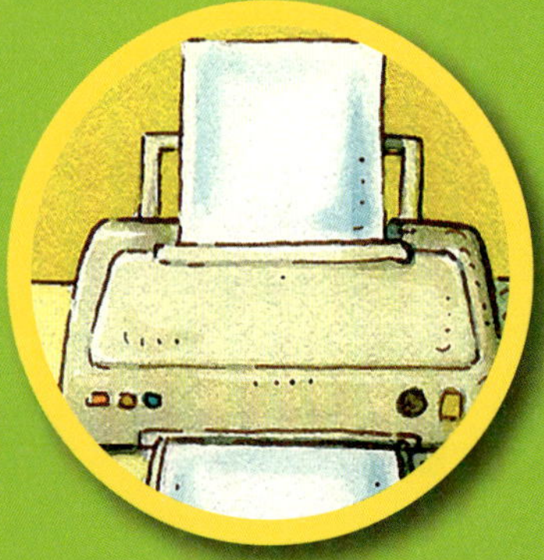

Auch Computer benutzen Telefonleitungen, um miteinander zu kommunizieren.

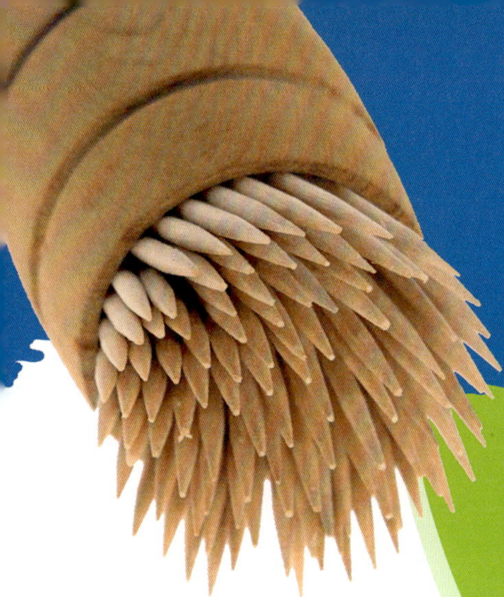

Du brauchst:

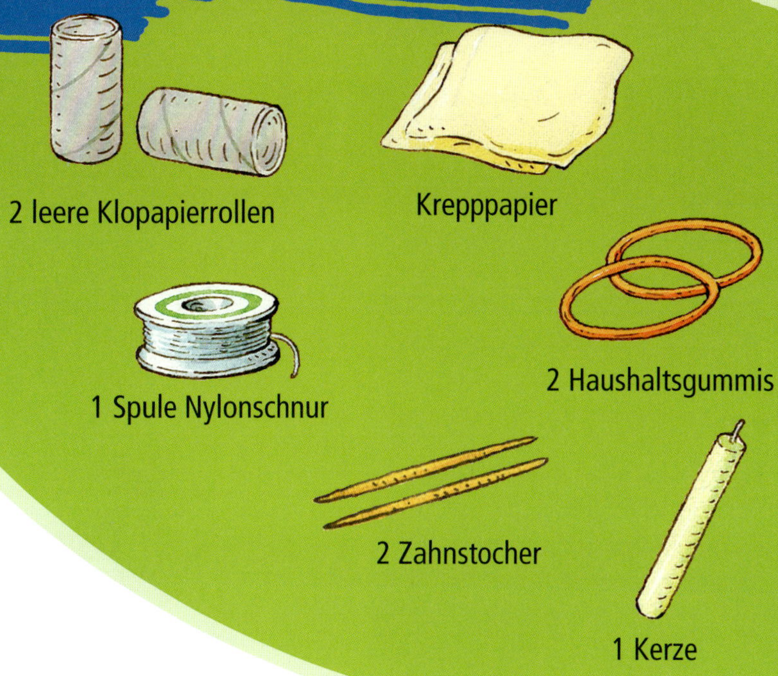

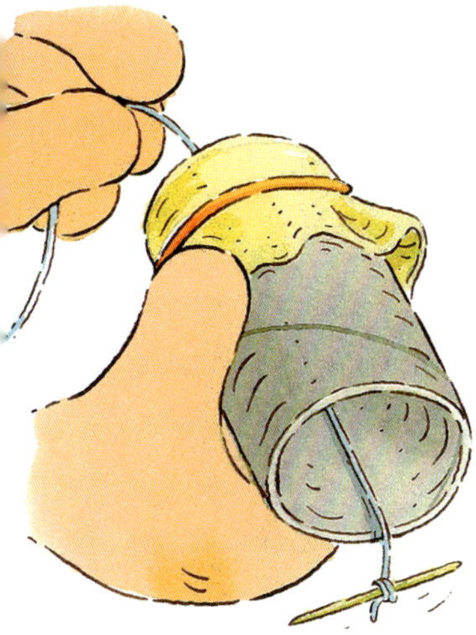

3

Bohre bei beiden Rollen in die Mitte des Krepppapiers ein Loch und fädele die Nylonschnur hindurch.

4

Sichere die Schnurenden auf der Innenseite der Rollen, indem du jeweils einen Zahnstocher daran festknotest.

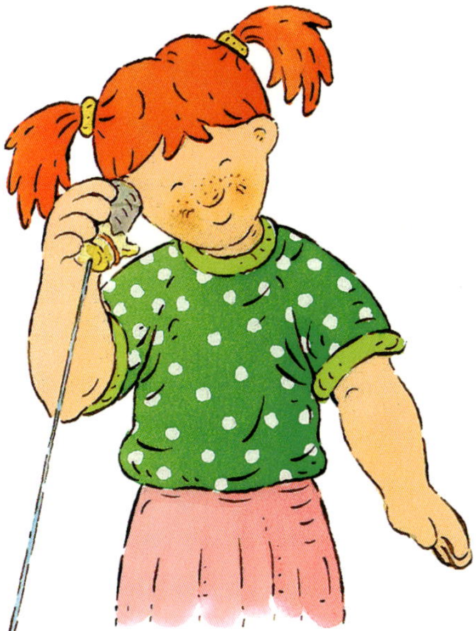

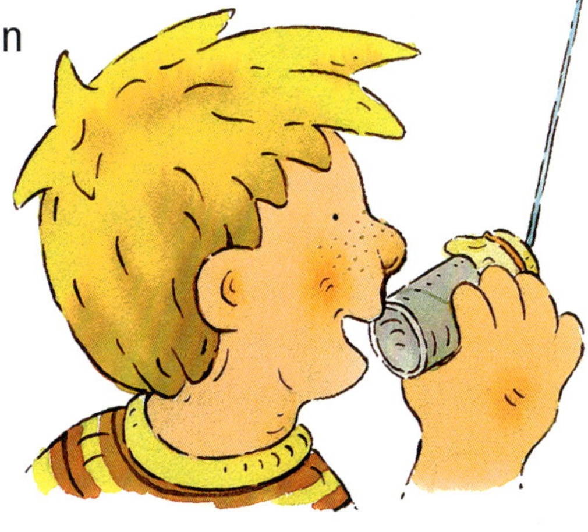

5

Das Telefon ist fertig!
Die Schnur muss immer gut gespannt sein und es darf nichts auf ihr liegen.

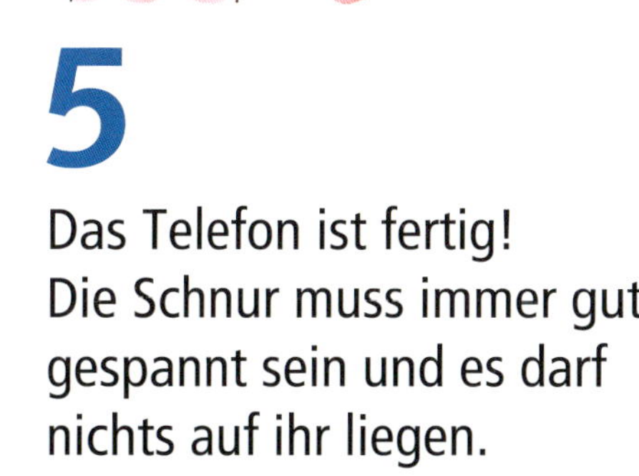

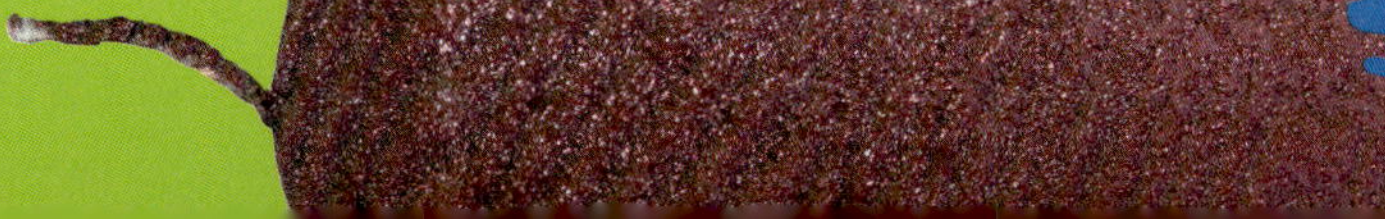

Der Cinematograf

… dass Kino nichts anderes ist, als eine schnelle Abfolge von Bildern, die auf eine Leinwand projiziert werden?

Zu Punkt 2 und 3:
Der Gegenstand muss fast gleich aussehen. Du darfst nicht auf die eine Seite eine Maus zeichnen, die sitzt, und sofort danach eine, die rennt.

Besser ist es, wenn du erst die sitzende Maus zeichnest, dann die Maus, die den Schwanz hebt, dann die Pfote und so weiter.

1

Falte die Pappe in der Mitte, lege die Bögen übereinander und befestige sie mit einer Büroklammern am oberen Rand.

2

Auf das erste Blatt zeichnest du ein Motiv, das dir besonders gut gefällt. Drücke ganz fest mit dem Bleistift auf, sodass sich das Bild auch auf das Papier darunter durchdrückt.

3

Male das Motiv in drei verschiedenen Positionen auf die darunter liegenden Blätter.

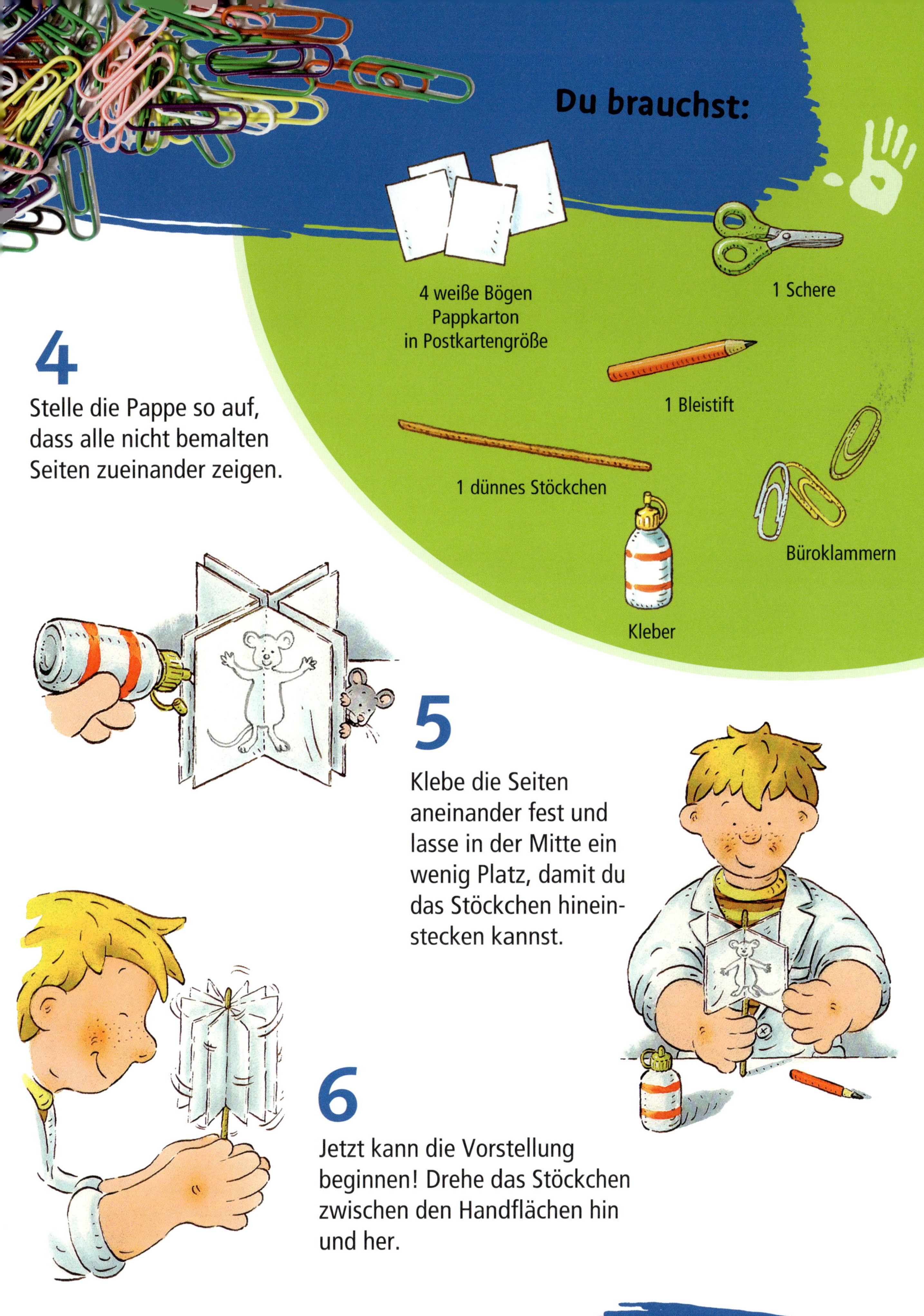

4 weiße Bögen
Pappkarton
in Postkartengröße

1 Schere

1 Bleistift

1 dünnes Stöckchen

Kleber

Büroklammern

4

Stelle die Pappe so auf,
dass alle nicht bemalten
Seiten zueinander zeigen.

5

Klebe die Seiten
aneinander fest und
lasse in der Mitte ein
wenig Platz, damit du
das Stöckchen hinein-
stecken kannst.

6

Jetzt kann die Vorstellung
beginnen! Drehe das Stöckchen
zwischen den Handflächen hin
und her.

Die Fotografie

Wusstest du?

... dass es 8 Stunden gedauert hat, bis das erste Foto der Geschichte fertiggestellt war?

Im 19. Jahrhundert hat das Fotografieren so lange gedauert, dass die Modelle sogar eine Kopfstütze brauchten, um stillhalten zu können.

Zum Glück gibt es heutzutage Fotoapparate, die in Sekundenbruchteilen Fotos machen können.

1

Schneide in die eine Seite der Schachtel ein Loch von 1 cm Durchmesser. Beklebe es von innen mit Stanniolpapier.

2

Mache ein kleines Loch mit der Nadel in das Stanniolpapier und verschließe dann das Loch von außen mit dem Korken.

3

Klebe auf die gegenüberliegende Seite u-förmig die drei Pappstreifen. Sie dienen als Halterung für den Film.

1 Stück Stanniolpapier und 1 Nadel

1 Schere

1 Schachtel von 10 x 10 x 10 cm mit einem lichtundurchlässigen Deckel

1 Zirkel

1 Stecknadel

1 Korken von 1 cm Durchmesser

Kleber

3 Streifen Pappe

1 Stück Film, nicht hochempfindlich, und ein Stück schwarzes Papier

4

Rolle den Film in einem dunklen Zimmer ab und stecke ihn in die Schienen. Dann schließt du die Schachtel.

5

Und jetzt geht's los mit dem Fotografieren! Suche dir einen hellen Ort, entferne den Korken und halte die Schachtel ungefähr 3 Minuten lang still. Stecke den Korken wieder in das Loch.

6

Gehe in das dunkle Zimmer zurück, nimm den belichteten Film heraus und wickle ihn in das schwarze Papier. Bringe es zum Fotografen und lasse den Film entwickeln.

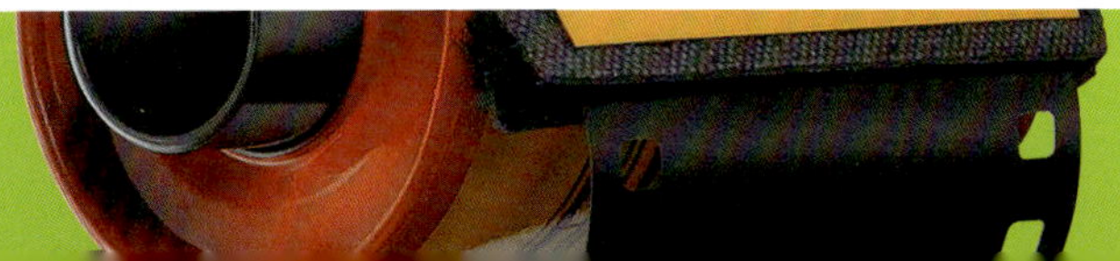

Vorbereitung Gestalten

Kunst ist etwas, was vom Menschen selbst gemacht wird. Ein Künstler hat die Fähigkeit, etwas Eigenes zu erschaffen und zu gestalten. Die Kunst bietet unzählige Möglichkeiten, sich auszudrücken. Wenn du die Kunst wirklich kennenlernen möchtest, schnappe dir ein Blatt Papier und Farben und lasse deiner künstlerischen Fantasie freien Lauf.

1

Um Kunst zu verstehen, muss man sie kennen. Schaue dir Bücher an oder besuche Ausstellungen, so kannst du deinen Lieblingskünstler entdecken.

2

Bevor du dein Kunstwerk endgültig zu Papier bringst, machst du dir am besten erst ein paar Skizzen. So kannst du deine Ideen besser umsetzen.

Wusstest du?

... dass man früher zwischen Kunst, Handwerk und Wissenschaft noch nicht so stark unterschied wie heute?

Im 15. Jahrhundert verstand man unter Künstler jemanden, der Erfahrung und Geschick in einem bestimmten Gebiet vorwies – eigentlich einen Handwerker.

Erst im England des 18. Jahrhunderts wurde zwischen Wissenschaftler, Handwerker und Künstler unterschieden. Heutzutage ist ein Künstler jemand, der seine Gedanken und Erfahrungen in Bilder oder andere Objekte umsetzt.

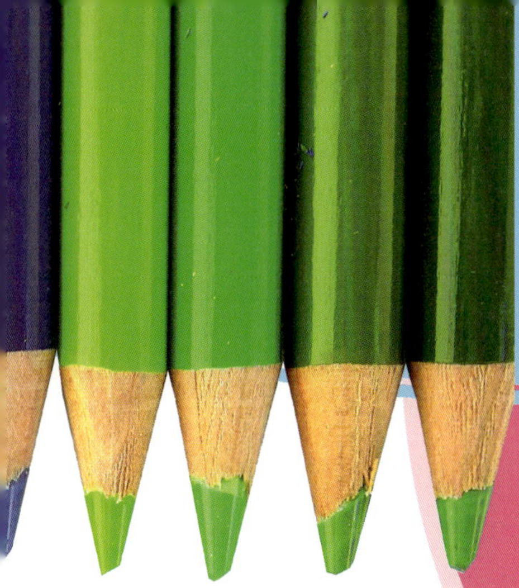

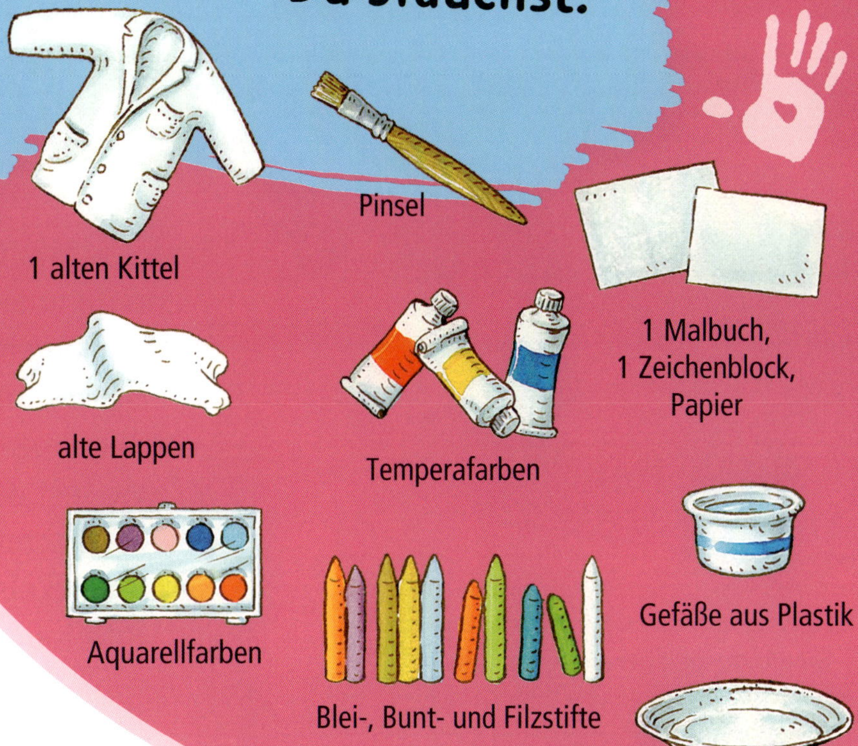

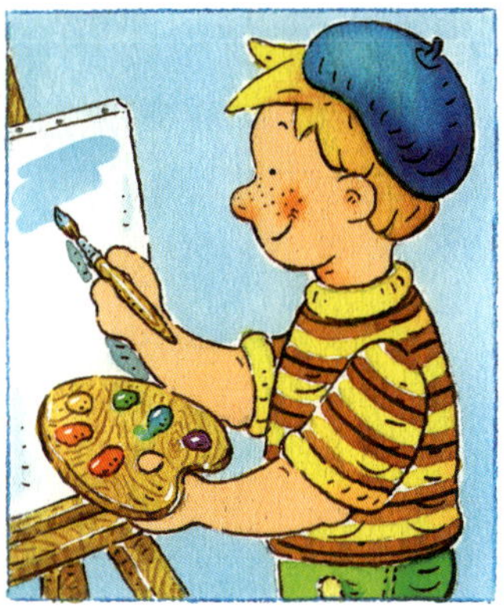

3

Setze deine Fantasie ein! Um ein echter Künstler zu werden, genügt es nicht, gut malen und zeichnen zu können. Du musst auch kreativ und originell sein!

4

Wähle die Technik aus, die dir am besten gefällt. In diesem Buch findest du viele tolle Ideen, um kleine Meisterwerke anzufertigen.

5

Wenn du mit deinem Bild fertig bist, musst du deine Utensilien gut reinigen, alle Farbkleckse entfernen und alles wieder ordentlich aufräumen.

Vom Punkt zur Linie

Eine Zeichnung besteht aus mehreren Strichen. Wenn du unterschiedliche Malutensilien benutzt, kannst du verschiedenartige Striche machen. Du kannst aber auch mit demselben Stift oder Pinsel verschiedene Striche zeichnen. Es hängt davon ab, wie fest du aufdrückst oder wie du den Stift bewegst, schnell oder langsam, und ob du dabei herumwackelst. Und dann kommt es noch auf die Unterlage an, auf der du malst.

Wusstest du?

... dass selbst eine Linie verschiedene Empfindungen bei dir hervorrufen kann? Diese hängen von ihrer Größe, ihrer Form, ihrem Verlauf und ihrer Farbe ab.

Eine gerade senkrechte Linie vermittelt Schwung und Vitalität; eine waagerechte eher das Gefühl von Unbeweglichkeit. Die schräge Linie lässt dich an einen Auf- oder Abstieg denken; eine leicht gewellte an eine langsame Bewegung.

Die Stärke einer Linie kann Gefühle von Zerbrechlichkeit, Kraft oder Weite hervorrufen.

1

Zeichne auf ein Blatt weißes Papier langsam mit einem Bleistift Punkte, gerade Linien und Wellen.

2

Auf ein anderes Blatt zeichnest du dieselben Linien in der gleichen Reihenfolge, aber diesmal bewegst du dabei die Hand ganz schnell.

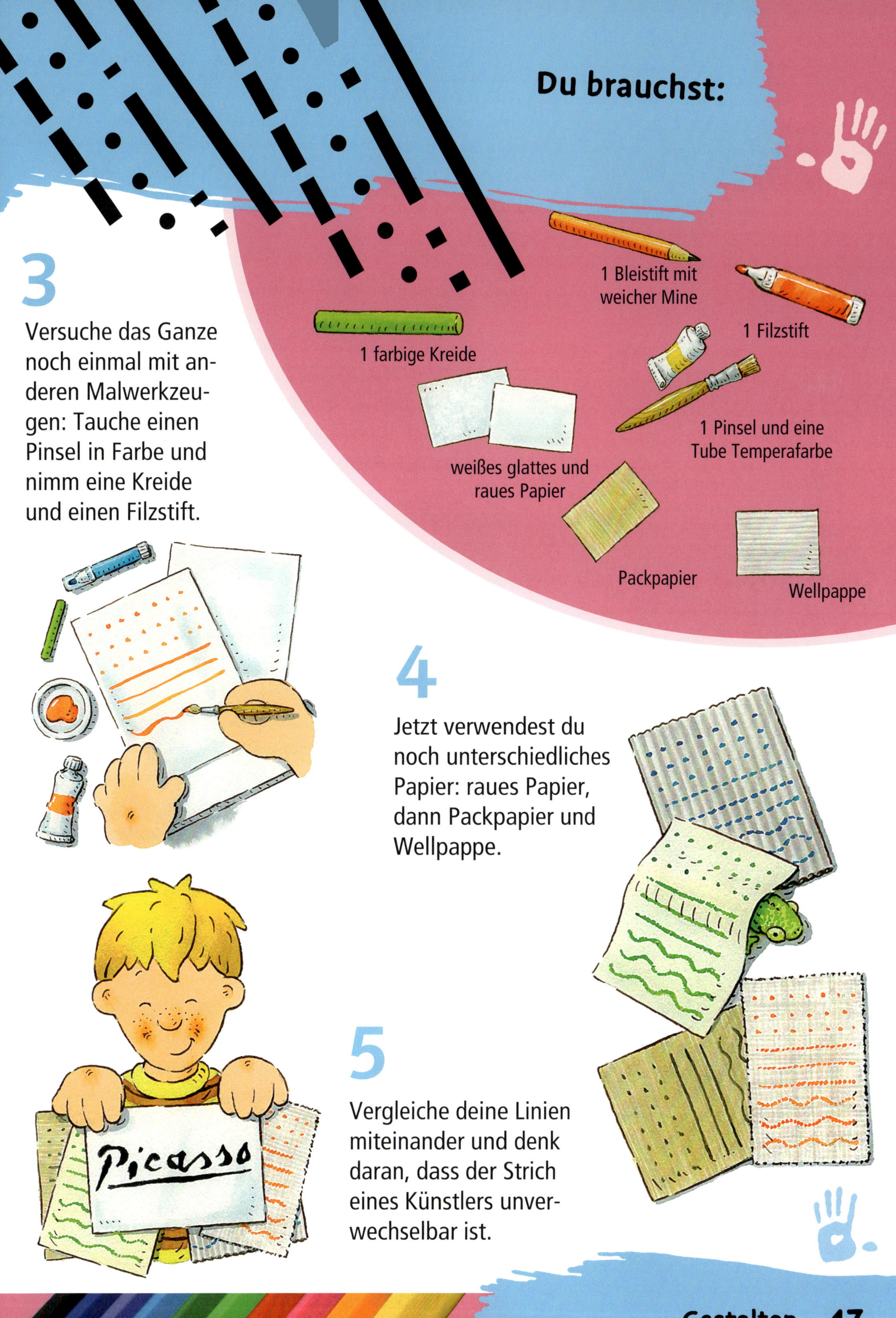

3

Versuche das Ganze noch einmal mit anderen Malwerkzeugen: Tauche einen Pinsel in Farbe und nimm eine Kreide und einen Filzstift.

4

Jetzt verwendest du noch unterschiedliches Papier: raues Papier, dann Packpapier und Wellpappe.

5

Vergleiche deine Linien miteinander und denk daran, dass der Strich eines Künstlers unverwechselbar ist.

Die Farbtheorie

Wie viele Farben gibt es? Zitronengelb, Gold, Karminrot, Magenta, Signalrot, Blau, Stahlblau sind nur einige von ihnen. Die Farben haben unendlich viele Abstufungen, doch Physik, Chemie und unsere Erfahrung haben gezeigt, dass es drei Grundfarben gibt, von denen alle anderen abgeleitet werden: Gelb, Rot und Blau. Diese drei werden Primärfarben genannt.

1

Auf die eine Taschenlampe klebst du das rote Transparentpapier und auf die andere das gelbe.

2

Gehe in ein dunkles Zimmer und leuchte mit den beiden bunten Strahlen der Taschenlampe auf eine weiße Wand. Ein oranges Licht wird erscheinen.

...dass eine Farbe als warm oder kalt empfunden werden kann?

Rot, Gelb und Orange sind „warme" Farben.

Blau und Grün hingegen sind „kalte" Farben.

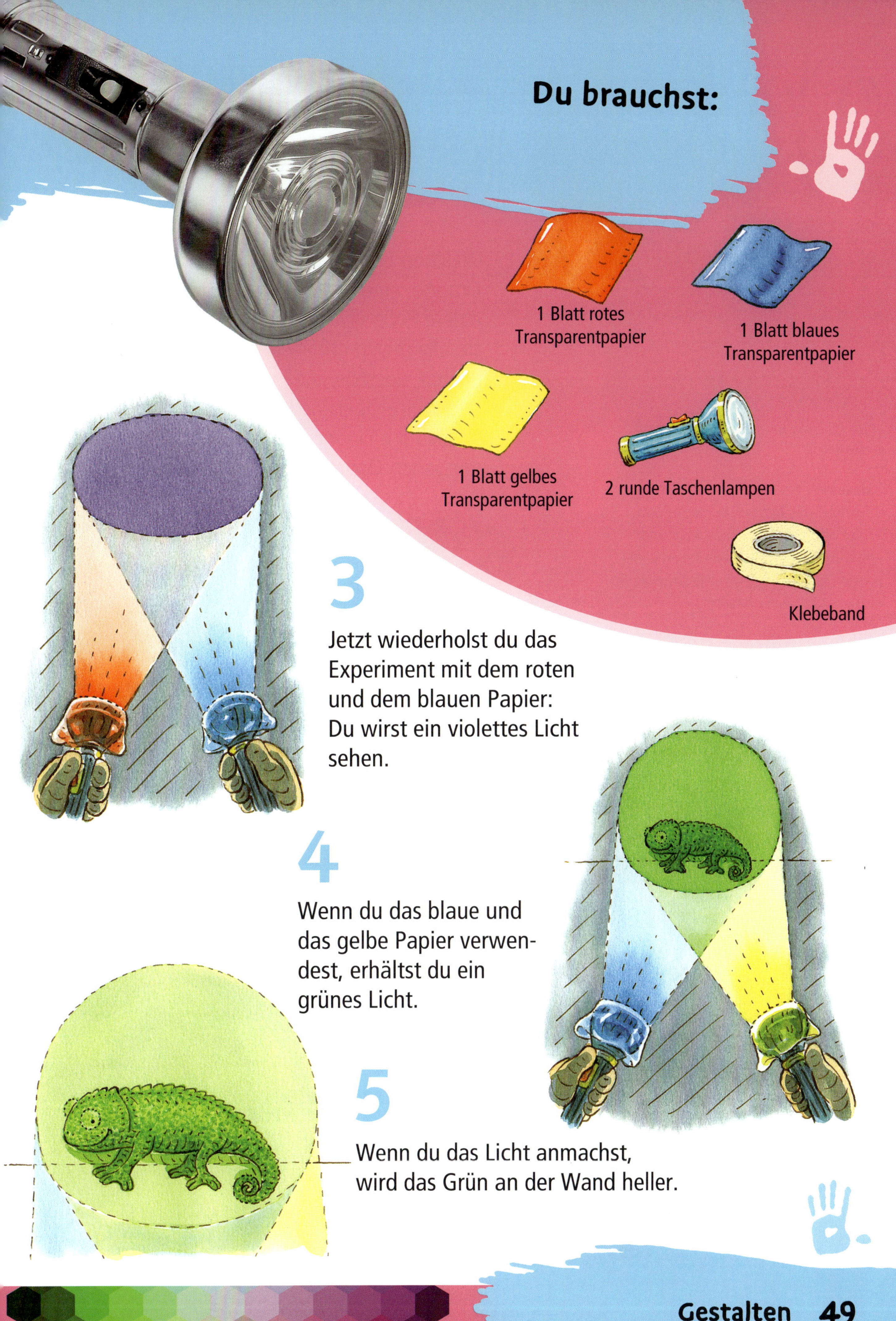

3

Jetzt wiederholst du das Experiment mit dem roten und dem blauen Papier: Du wirst ein violettes Licht sehen.

4

Wenn du das blaue und das gelbe Papier verwendest, erhältst du ein grünes Licht.

5

Wenn du das Licht anmachst, wird das Grün an der Wand heller.

Oberflächen und Strukturen

Welchen Unterschied gibt es zwischen einer Orange, einem Wollknäuel, einer Murmel und einem Fußball? Nehmen wir einmal an, dass sie alle gleich groß wären. Wir können dann feststellen, dass sie alle kugelförmig sind, sich aber durch ihre Oberfläche unterscheiden. Die Struktur ist also die Eigenschaft, die eine glatte von einer unebenen Oberfläche unterscheidet.

... dass sich die Maler in den Fünfzigerjahren des letzten Jahrhunderts vor allem der informellen Kunst zuwandten? Sie verwendeten viele unterschiedliche Stoffe als Grundlage ihrer Arbeit.

Um seine Gemälde interessanter zu gestalten, mischte der amerikanische Künstler Pollock unter die Farben Sand, Nägel, Streichhölzer und viele andere Dinge.

Der Italiener Burri hingegen verwendete zerrissene Leinensäcke und verbrannte Plastikteile, die er direkt auf Farbplatten befestigte.

1

Die Oberfläche des Papiers ist glatt und weiß. Mit einem Buntstift kannst du sie auf viele verschiedene Arten verändern.

2

Lege das Blatt Papier auf das Schmirgelpapier und fahre mit einem Buntstift darüber, so als wolltest du es färben.

3

Jetzt versuche, mit dem Stift das Nudelsieb abzupausen und danach die Sohlen deiner Turnschuhe.

1 Stück Schmirgelpapier

1 Blatt weißes, glattes und sehr dünnes Papier

1 Nudelsieb

Turnschuhe

1 Schere

Buntstifte

Kleber

4

Wenn du noch andere Gegenstände mit unterschiedlicher Oberflächenbeschaffenheit findest, pause auch diese ab und fertige eine Collage aus den verschiedenen Strukturen an.

Die Perspektive

Die erste Regel zur Perspektive ist, dass die Gegenstände, die weiter entfernt sind, kleiner erscheinen, als nahe gelegene Punkte. Die zweite Regel ist der Fluchtpunkt. Stell dir vor, du bist auf einer menschenleeren, geraden und flachen Straße. Der Fluchtpunkt ist der Punkt, an dem die Straße am Horizont verschwindet.

1

Zeichne in die Mitte des Blattes eine waagerechte Linie und unterteile es so in zwei gleich große Hälften.

2

Markiere auf der Mitte der Linie den Punkt, den Künstler als „Fluchtpunkt" bezeichnen.

"

3

Verbinde den Flucht-
punkt mit den Ecken
des Blattes.

4

Zeichne eine lange Allee mit Bäumen
auf das Papier, so wie du es auf der
Abbildung siehst.

5

Male die Zeichnung aus und
verwende hierbei für die vor-
deren Bäume dunklere Farben
als für die weiter entfernten
Bäume.

Malen mit Fingerfarbe

Ziehe den Kittel an und decke den Tisch mit Zeitungsblättern ab, damit du nichts schmutzig machst.

Wusstest du?

... dass man Fingerfarben in Dosen kaufen kann, dass sie ganz leicht wieder von den Fingern abgehen und dass sie nicht giftig sind? Du findest sie in Schreibwarenläden oder kannst sie selbst herstellen.

Wenn du Fingerfarben zu Hause machen möchtest, musst du deine Mama bitten, etwas Wäschestärke mit Wasser zum Kochen zu bringen.

Diese lässt du abkühlen und schüttest sie in verschiedene Döschen. Jetzt gibst du noch etwas Temperafarbe dazu und fertig sind deine Fingerfarben!

2

Befeuchte das Papier unter dem Wasserhahn. Falls es zu schnell trocknet, spritzt du wieder ein wenig Wasser darauf.

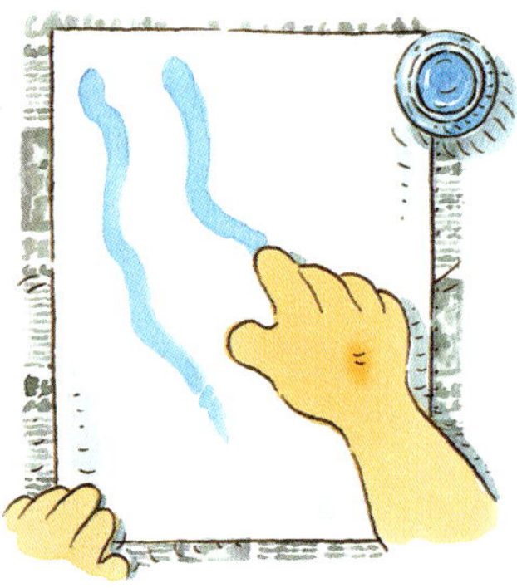

3

Tauche einen Finger in die Farbe und fahre mit ihm über das Blatt. Das sieht dann ungefähr so aus wie auf dem Bild oben.

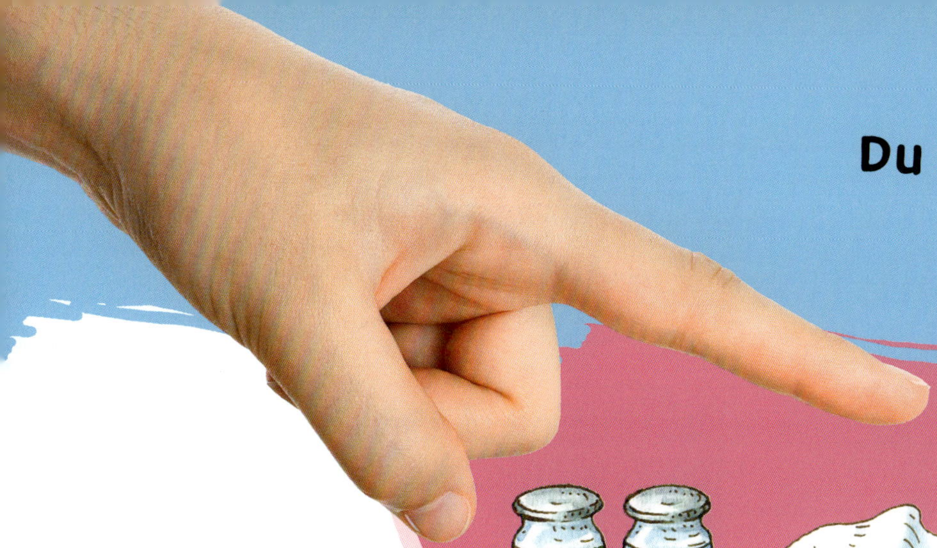

Du brauchst:

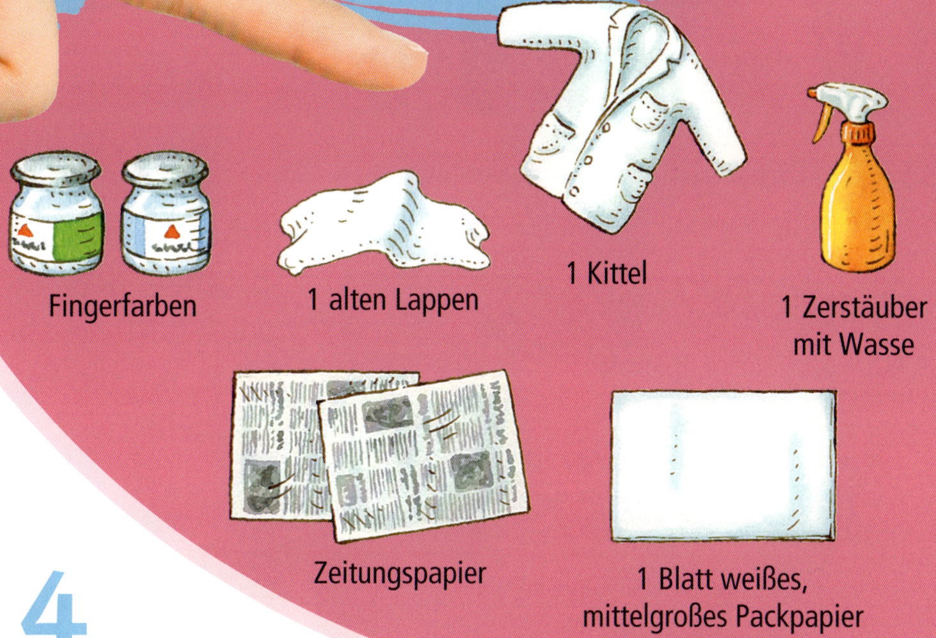

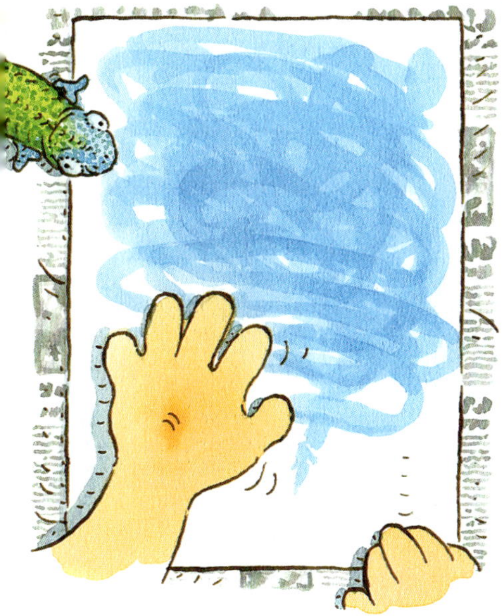

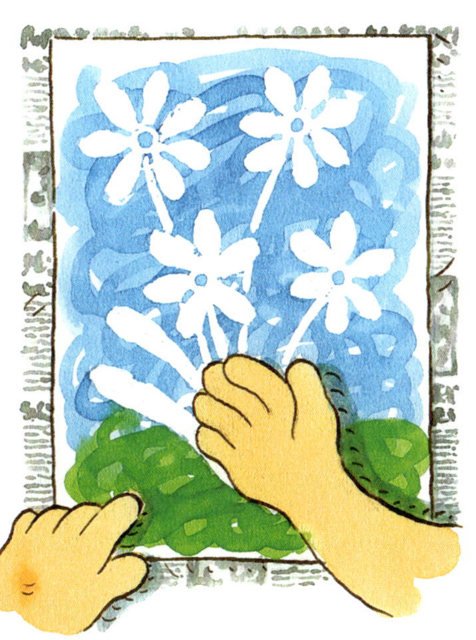

4

Jetzt malst du mit den Fingern in alle Richtungen. Nimm die Finger und den Handrücken für die gröberen Formen und die Fingerkuppen und die Nägel für die feineren.

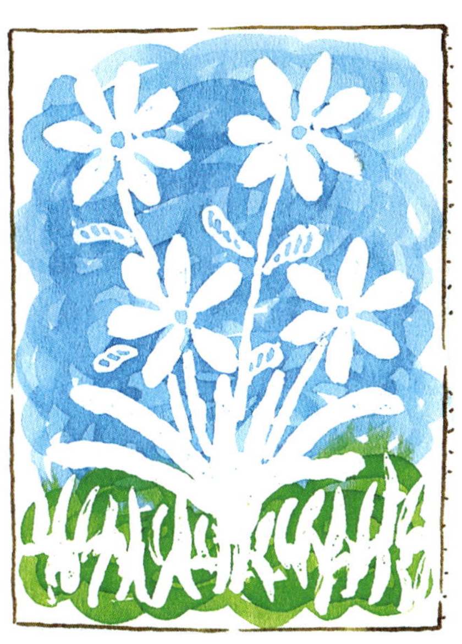

5

Du kannst z. B. eine Blume malen. Lasse das fertige Bild trocknen.

6

Mit dieser Technik kannst du auch auf Glas malen.

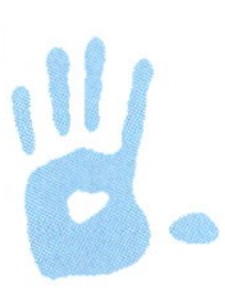

Bunte Ritzzeichnung

... dass man zu Ritzzeichnung auch Graffito sagt. Das kommt von dem griechischen Wort „graphis". Das bedeutet Stöckchen.

Die Menschen aus der Urzeit waren die ersten, die diese Technik anwandten, um auf die Wände ihrer Höhlen Tiere und Jagdszenen zu zeichnen.

Auch die antiken Griechen nutzten diese Technik. Die Vasenmalerei (das Bemalen von Amphoren) ist ein Beispiel hierfür.

Die Ritzeichnung wird mit einer harten Spitze auf Ton, Putz, Stein, Metall oder Wachs angefertigt. Man müsste eigentlich schon von den früheren Höhlenmalereien als Ritzzeichnung sprechen, doch die interessanteste Vorgehensweise hatten sicherlich die Maler der Renaissance, um die Fassaden der Paläste zu verschönern.

1

Trage die erste Farbschicht mit der gelben Wachsmalkreide auf, ohne dass noch weißes Papier durchschimmert.

2

Fahre für die zweite Schicht mit der roten Kreide fort. Immer ganz gleichmäßig!

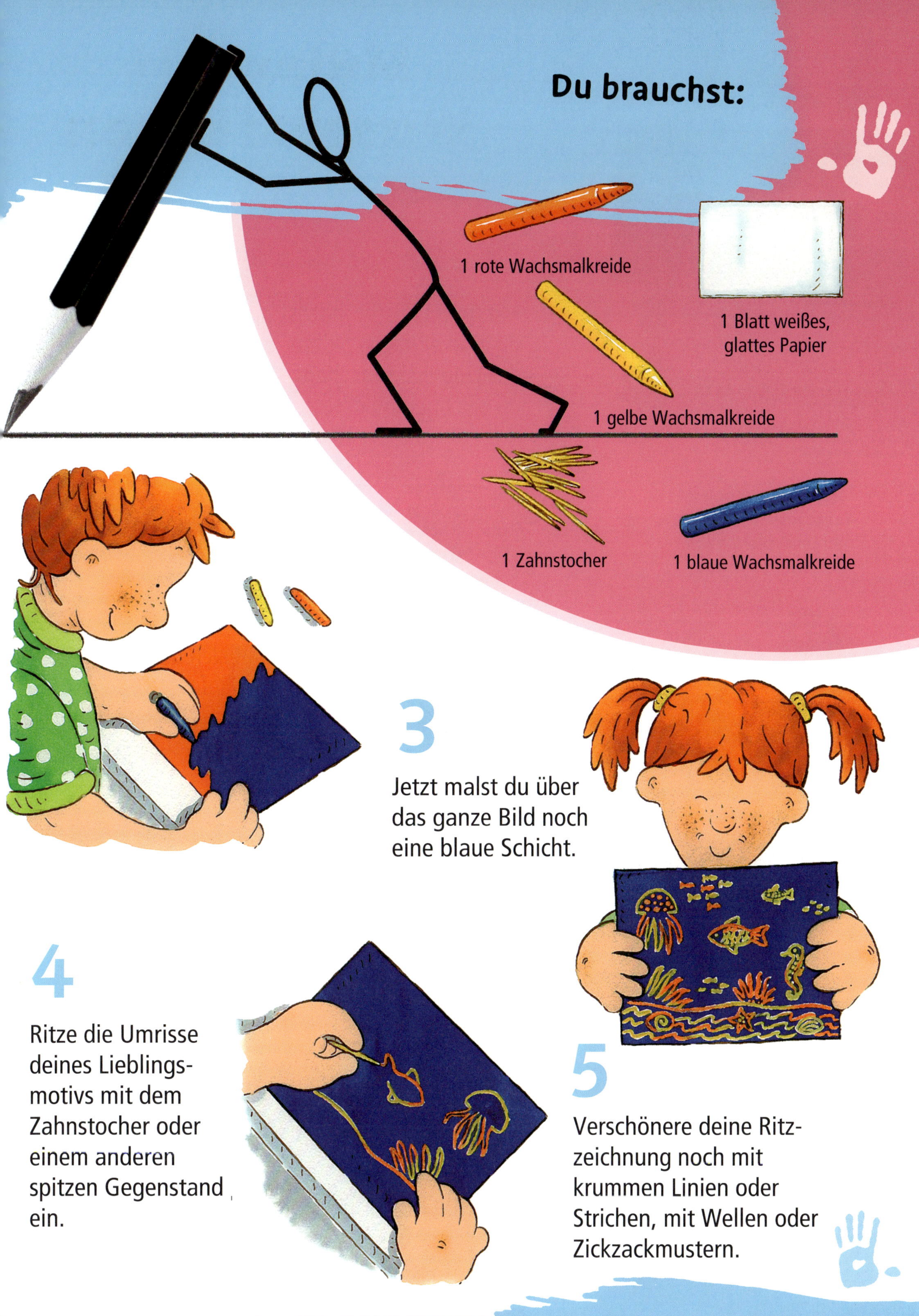

3

Jetzt malst du über das ganze Bild noch eine blaue Schicht.

4

Ritze die Umrisse deines Lieblingsmotivs mit dem Zahnstocher oder einem anderen spitzen Gegenstand ein.

5

Verschönere deine Ritzzeichnung noch mit krummen Linien oder Strichen, mit Wellen oder Zickzackmustern.

Malen mit Wasserfarben

Mit dem Bleistift machst du eine einfache Skizze des Gegenstands, den du zeichnen möchtest.

2

Damit sich das Papier nicht wellt, befestigst du es am besten mit Klebeband an der Arbeitsplatte.

3

Tauche den Pinsel ins Wasser und feuchte damit das Papier an.

Wusstest du?

… dass Aquarellmalerei die optimale Technik ist, um Landschaften und Stillleben zu malen?

Die Technik des Aquarellmalens wurde besonders im 19. Jahrhundert eingesetzt, ausgelöst durch die berühmten englischen Landschaftsmaler Turner und Constable. Während eines schweren Sturms ließ sich Turner an einem Schiffsmast festbinden, um beim Malen nicht ins Meer zu fallen.

4

Gieße ein wenig Wasser in das Schälchen und vermische es mit Farbe.

5

Stelle den Wasserbecher ganz in deine Nähe, damit du den Pinsel jedes Mal reinigen kannst, wenn du zu einer anderen Farbe wechseln möchtest.

6

Um hellere Töne zu erhalten, musst du viel Wasser verwenden, für dunklere Töne nur wenig Wasser.

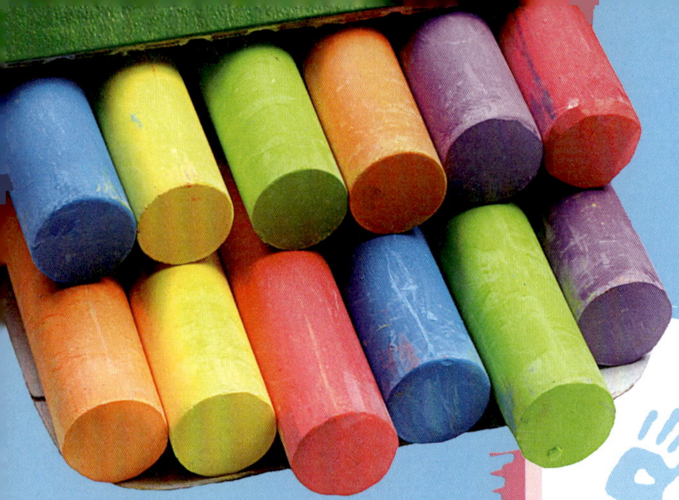

Bunte Kreide

Mit der bunten Kreide kannst du ganz einfach dein eigenes Bild malen. Denke daran, die Hand immer weit vom Papier entfernt zu halten, damit du es nicht zerknitterst. Außerdem kannst du das Bild gut schattieren, wenn du mal stärker und mal schwächer aufdrückst.

1

Bevor du mit der Kreidenmalerei beginnst, deckst du den Tisch mit Zeitungspapier ab.

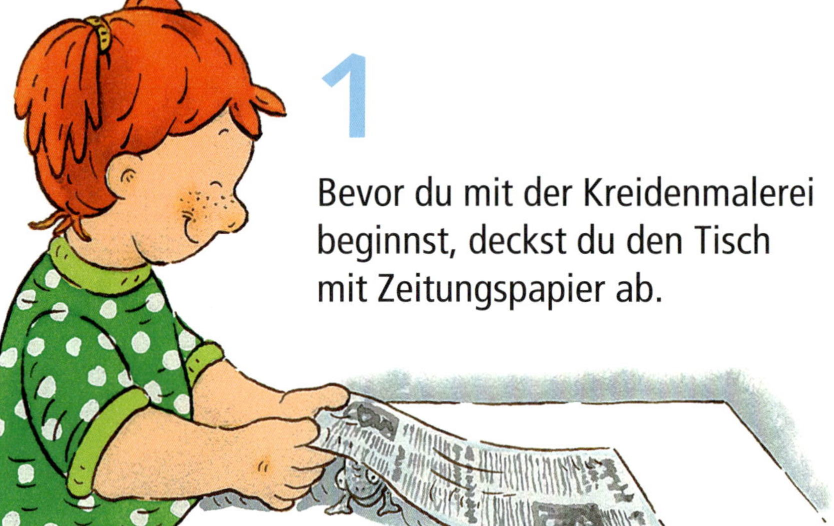

2

Befeuchte das Papier und lasse es gut abtropfen.

Wusstest du?

... dass man Kreide aus einem Stein gewinnt, der zu Pulver gemahlen wird?

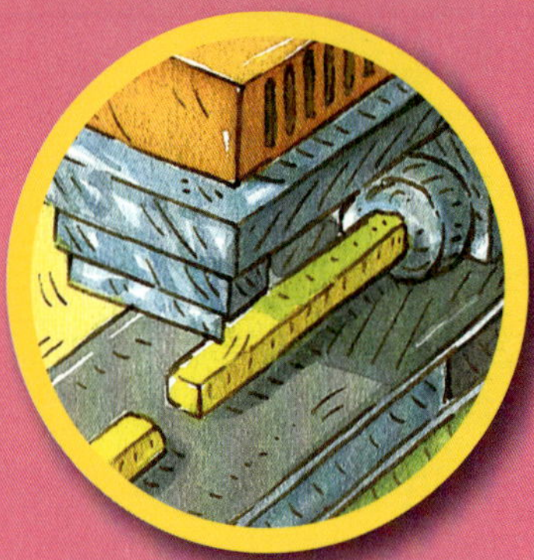

Um Kreide herzustellen, gießt man den Gesteinsstaub mit anderen Zutaten in eine Form. Diese werden dann zu Stäbchen gepresst und anschließend zum Brennen in den Ofen gelegt. So wird die Kreide hart und kann an der Tafel verwendet werden.

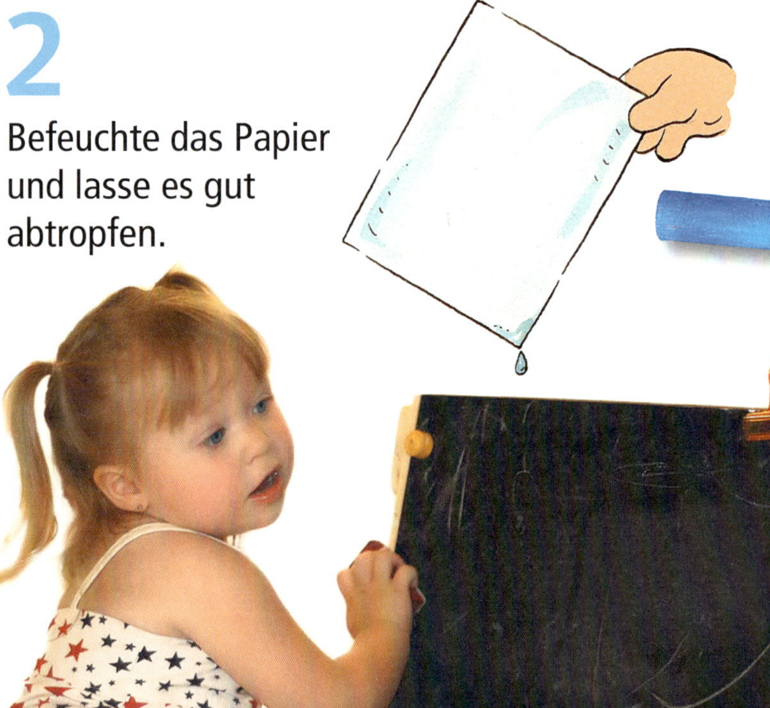

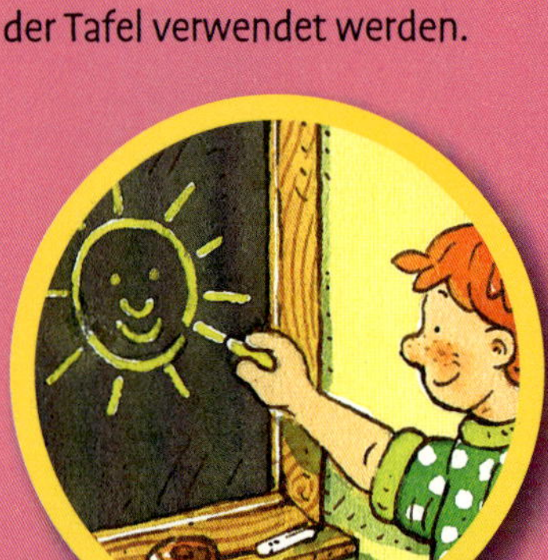

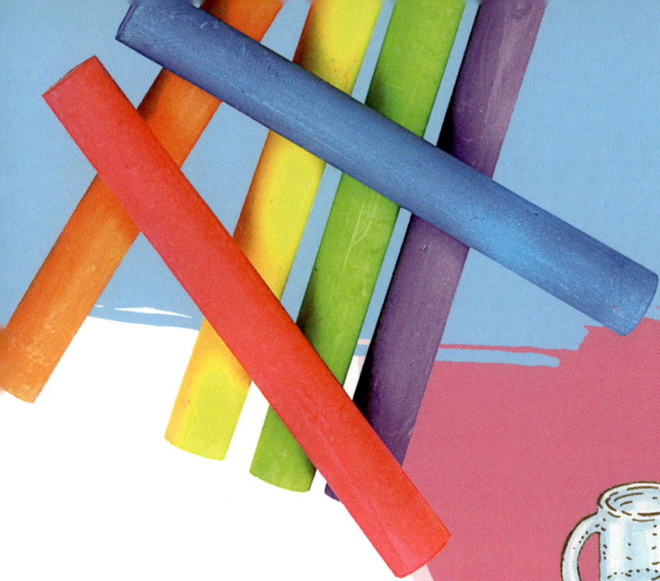

Du brauchst:

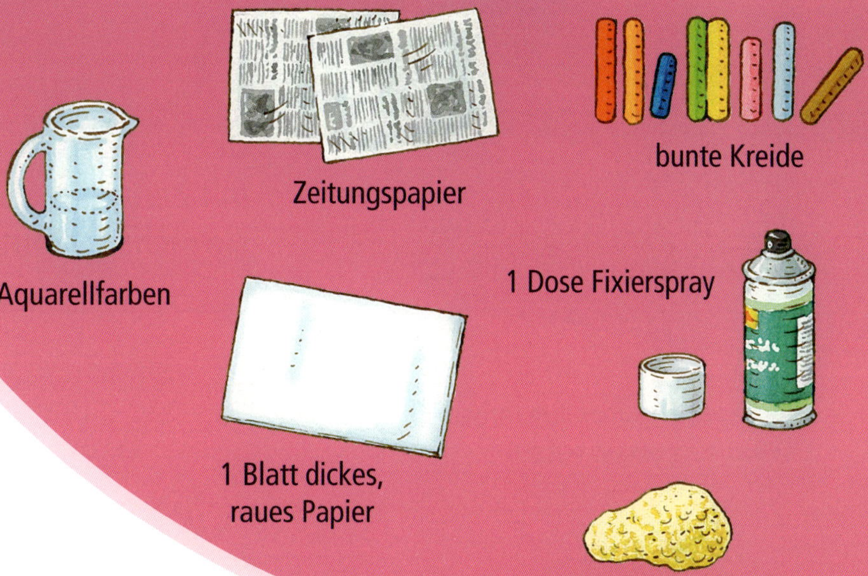
Zeitungspapier
bunte Kreide
Aquarellfarben
1 Dose Fixierspray
1 Blatt dickes, raues Papier
1 Schwamm und Wasser

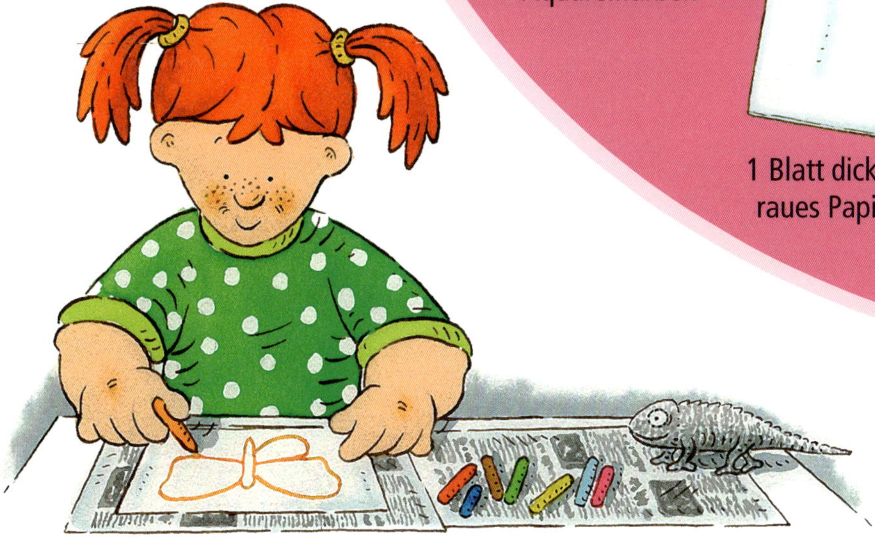

3

Zeichne den Gegenstand, den du malen möchtest, vor und verwende die Kreide, als wäre es Pastellfarbe.

4

Male die verschiedenen Farben übereinander und verwische sie mit den Fingern: So erhältst du verschwommene Konturen.

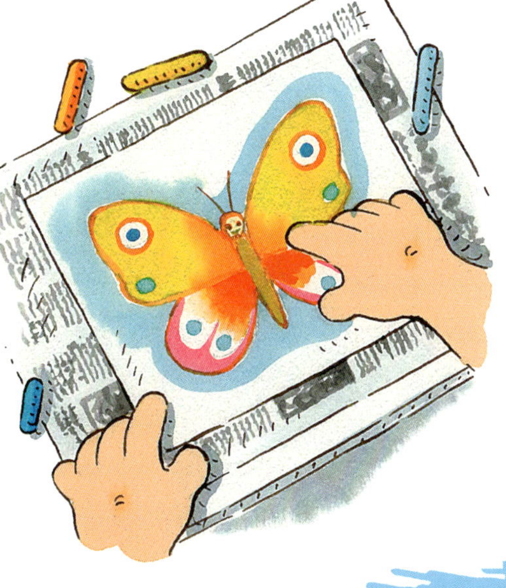

5

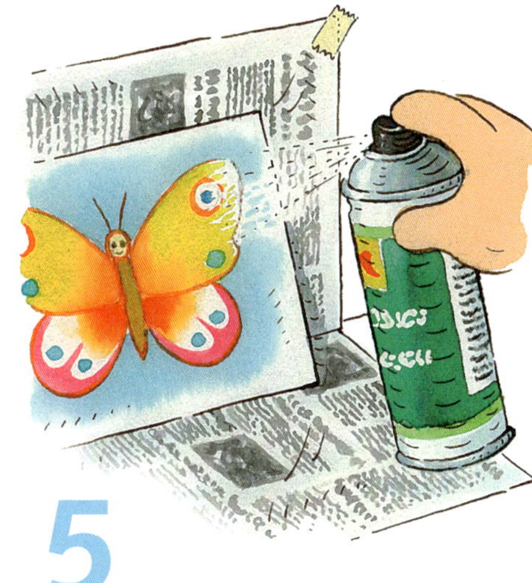

Um das Bild haltbarer zu machen, besprühst du es mit Fixierspray. Dieses überzieht das Blatt mit einem leichten Schutzfilm.

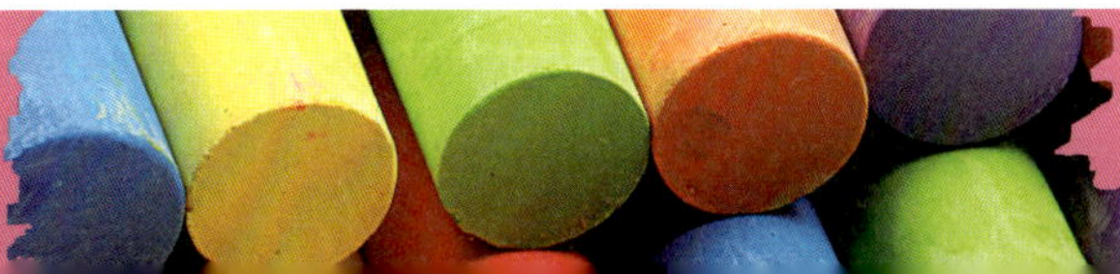

Spritzzeichnung

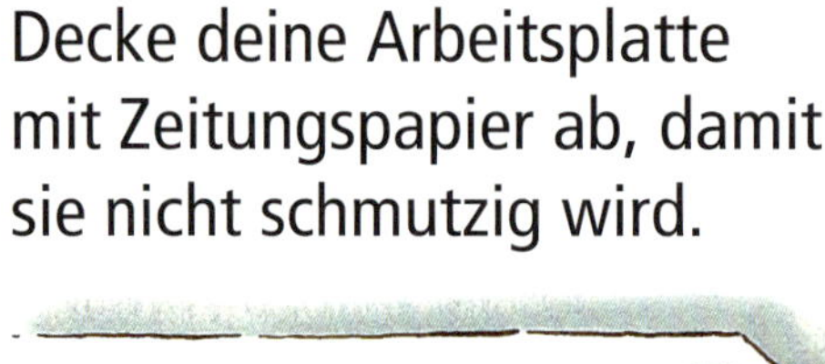

Wusstest du?

... dass die Maler früher ihre Farben selbst hergestellt haben?

Weiß wurde aus Eierschalen hergestellt.

Aus dem Saft der Iris wurde Grün gewonnen.

Mit Birkenrinde stellte man die Farbe Braun her.

1

Decke deine Arbeitsplatte mit Zeitungspapier ab, damit sie nicht schmutzig wird.

2

Klebe das Klebeband in kleinen Stücken so auf den Karton, dass es ein Wort ergibt, zum Beispiel deinen Namen.

3

Gib die grüne Temperafarbe in das Schälchen und daneben die gelbe. Verdünne sie mit ein wenig Wasser. Tauche den Schwamm

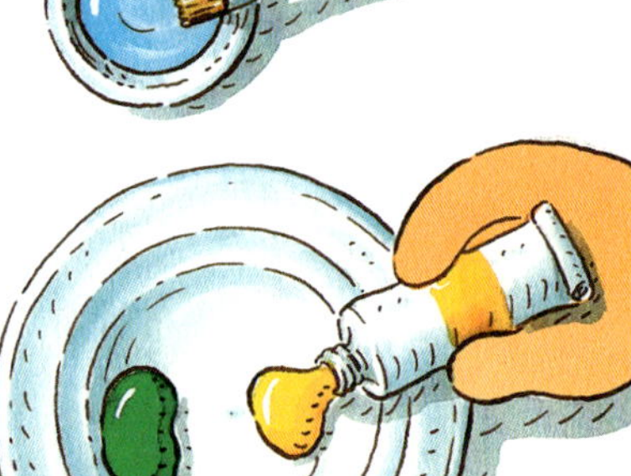

4 in die grüne Farbe und betupfe damit das Blatt, auch das Klebeband.

5 Tunke die Zahnbürste in die gelbe Farbe. Mit einem Bleistift streichst du über die Borsten, sodass die Farbe über den Karton spritzt.

6 Lasse das Ganze trocknen und ziehe dann das Klebeband vorsichtig ab: Jetzt kannst du das Wort lesen.

... dass das Wort „Collage" von dem französischen Begriff „coller" kommt? Das bedeutet „kleben".

Eine Collage ist ein Kunstwerk, das aus verschiedenen Materialien (Papier, Stoff oder anderen) angefertigt wird. Diese werden dann auf ein Tuch oder einen Karton geklebt. Die Ersten, die diese Kunstform anwandten, waren Picasso und Braque. Sie begannen 1912 damit, auf ihre Bilder Tapetenstückchen, Papierschnipsel und Teile von Plakaten zu kleben.

Die Collage

Auch mit ganz normalem Papier kannst du ein tolles Kunstwerk anfertigen. Es gibt viele verschiedene Papiersorten, die du mit viel Fantasie zusammenstellen kannst: Pappe, Hochglanz- und Transparentpapier etc. Am Anfang nimmst du am besten buntes Zeitungspapier. Du hast es meistens zu Hause und es besteht aus vielen verschiedenen Farben.

1

Zeichne eine Skizze des Gegenstandes, den du gestalten möchtest (einen Baum, Obst, ein Tier etc.).

2

Wähle aus der Zeitung die Seiten aus, die besonders bunt sind und dir am besten gefallen.

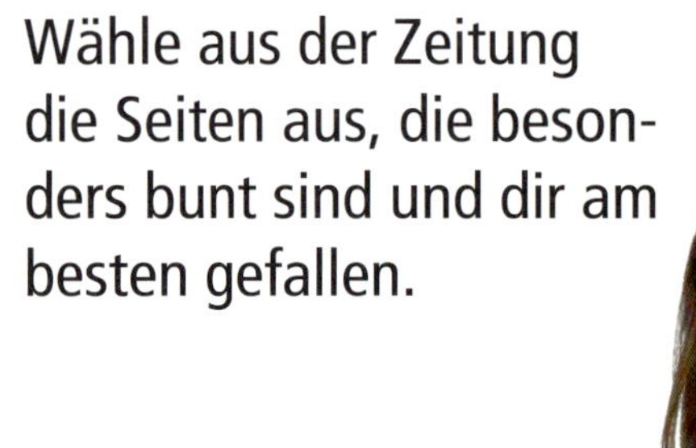

buntes Zeitungspapier

Klebestift

1 Blatt feste Pappe
(weiß, schwarz
oder farbig)

1 Schere mit
abgerundeter Spitze

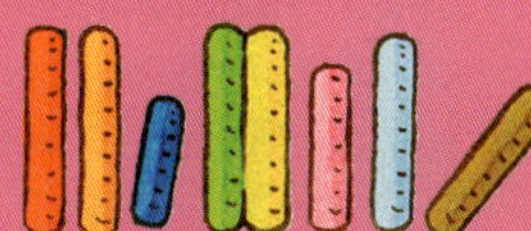

bunte Kreide oder
Wachsmalkreide

3

Entweder zerschneidest
du das Papier mit der
Schere oder du zerreißt
es mit den Fingern.
Mit den Fingern sieht
es natürlicher aus.

4

Lege deine Schnipsel
genau auf die vor-
gezeichnete Skizze
und klebe sie dann
fest.

5

Wenn du magst, kannst du
das Bild noch mit Kreide
oder Wachsmalkreide
verschönern.

Temperamalerei und Pointillismus

Gegen Ende des 19. Jahrhunderts entwickelte sich in Frankreich und Italien der Pointillismus oder Divisionismus. Die Maler brachten die unvermischten Farben mit kleinen Pinseltupfern auf die Leinwand. Wenn man das Bild aus einer gewissen Entfernung betrachtete, verschmolzen die Punkte miteinander.

Wusstest du?

... dass der Pointillismus eine Stilrichtung des französischen Impressionismus ist?

Georges Seurat, ein französischer Maler des 19. Jahrhunderts, ist der berühmteste Künstler des Pointillismus. Er malte mit kleinen Pinseltupfern reine Farbe auf das Papier und wurde zum Vorreiter des Pointillismus.

Der Druck basiert auf demselben Prinzip. Wenn du das Foto einer Zeitung mit einer Lupe betrachtest, siehst du ganz viele kleine Pünktchen.

1

Zeichne auf das Blatt mit dem Bleistift ein Porträt, eine Landschaft, ein Stillleben oder eine abstrakte Figur.

2

Gib in das Schälchen ein bisschen Gelb, Rot und Blau, ohne die Farben miteinander zu vermischen.

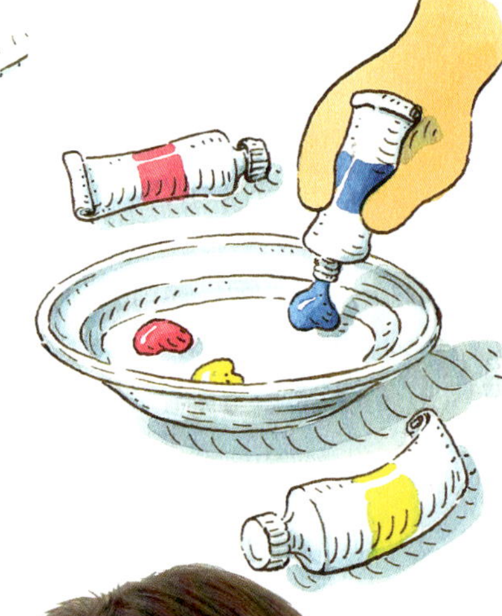

3

Male mit den drei Primärfarben Gelb, Rot und Blau Punkte auf die Skizze.

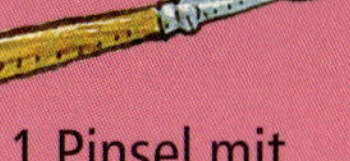

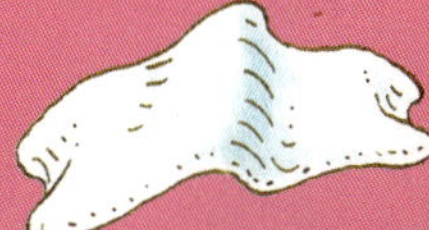

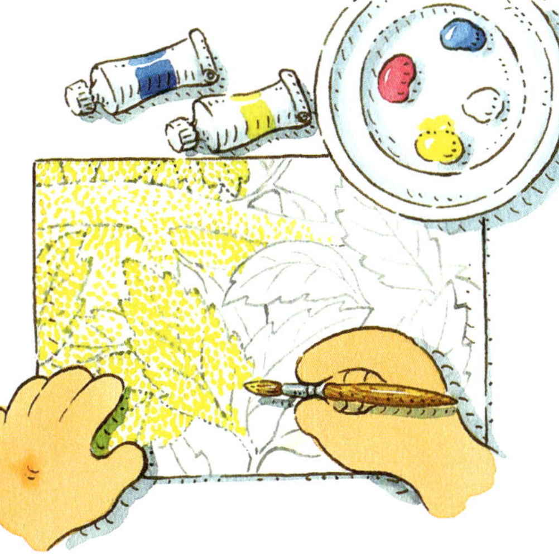

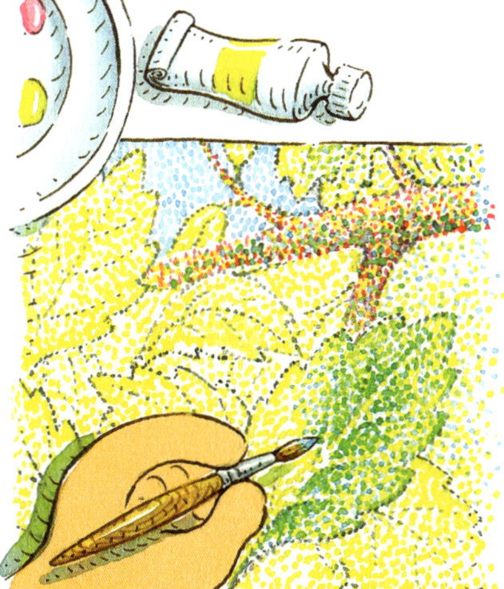

4

Wenn du hellere Töne möchtest, tupfst du noch Weiß dazwischen.

5

Jetzt betrachtest du das Bild aus der Ferne und achtest darauf, ob Farben entstanden sind, die du gar nicht verwendet hast.

Ein abstraktes Bild

Bereite deine Arbeitsfläche vor: Decke den Tisch mit Zeitungspapier ab, damit er nicht schmutzig wird.

Verteile die Farben auf einem Blatt Papier. Du kannst den Pinsel verwenden oder sie direkt aus der Tube herausdrücken.

Lege auf das Papier ein weiteres Blatt und achte darauf, dass die Ränder genau übereinstimmen.

Wusstest du?

... dass der Begriff „abstrakt" Form- und Farbkompositionen meint, die ihr Vorbild nicht in der Wirklichkeit haben?

1910 malte Wassily Kandinsky sein erstes abstraktes Werk – ein Aquarell. Es besteht aus Farbklecksen, die scheinbar zufällig nebeneinander liegen. So entstand die abstrakte Kunst.

Einige Jahre später ließ sich Jackson Pollock von der abstrakten Kunst inspirieren, um seine Werke zu malen. Er war ein Vorreiter der modernen Kunst.

weißes, dünnes
Papier

Zeitungspapier

Klebeband

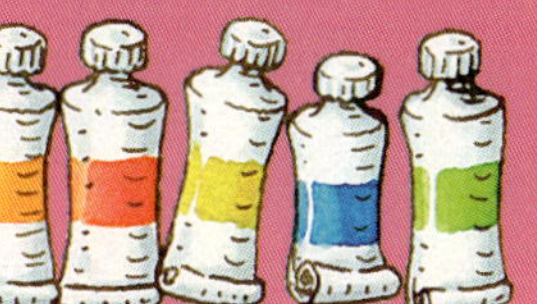

1 Pinsel

Temperafarben
aus der Tube

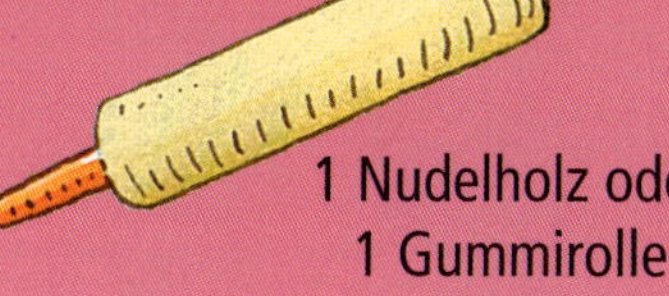

1 Nudelholz oder
1 Gummirolle

4

Klebe es mit Klebe-
band fest und rolle
ein paarmal mit
dem Nudelholz
darüber.

5

Jetzt nimmst du
das zweite Papier
wieder ab und schon
hast du ein wirklich
abstraktes Gemälde.
Drücke das zweite
Blatt auf ein drittes
und so weiter.

6

Auf jedem Blatt erscheint
eine andere Form, da die
Farbe nach und nach immer
weniger wird.

Schablonentechnik

Wusstest du?

… dass du mit einer Kartoffel einen ganz persönlichen Stempel machen kannst?

Schneide die Kartoffel in der Mitte durch und ritze einen Buchstaben ein.

Entferne das Fruchtfleisch in dem Buchstaben. Tauche den Stempel in die Farbe und drücke ihn auf ein Blatt Papier.

1

Zeichne auf die Pappe die Umrisse des Gegenstandes, den du malen möchtest.

2

Bereite die Schablone vor: Schneide die Zeichnung aus und trenne sie aus dem Papier.

3

Lege die Schablone auf das Holztäfelchen und klebe sie mit dem Klebeband fest.

Du brauchst:

1 Bogen weiße Pappe, 2 mm dick

1 Bleistift

1 Schere mit abgerundeter Spitze

1 mittelstarken Pinsel

1 Holztäfelchen

Acrylfarben

Klebeband

4

Tauche den Pinsel in die Acrylfarbe. Streiche die überflüssige Farbe ab.

5

Male die Schablone mit verschiedenen Farben aus. Um zu verhindern, dass die Farbe verwischt, malst du am besten von außen nach innen.

6

Lasse das Bild ein paar Stunden trocknen und nimm dann die Schablone ab: Dein Kunstwerk ist fertig.

Mosaik

Das Mosaik erstaunt und macht neugierig durch die Art und Weise, wie die Bilder gemacht werden. Seine Farben kann man nicht mischen, nicht übereinander legen und nicht verwischen. Man kann sie nur anordnen. Es sind beständige Farben, die aus tausenden kleinen Stein- oder Glaswürfeln bestehen.

Wusstest du?

... dass die kleinen Würfelchen, aus denen ein Mosaik besteht, Mosaiksteine heißen?

Das Mosaik stammt ursprünglich aus Mesopotamien. Danach wurde es durch die Griechen verbreitet und von den Römern als Fußboden-dekoration verwendet.

Seine Glanzzeit erlebte das Mosaik jedoch in den christlichen Kirchen. Bunte Mosaike an den Wänden und in den Gewölben stellten Geschichten aus der Bibel dar.

1

Besorge dir einige bunte Fliesen. Sie sollten recht dünn sein, damit du sie bearbeiten kannst.

2

Bitte einen Erwachsenen um Hilfe. Stecke ein paar Fliesen in die Plastiktüte und schlage sie mit dem Hammer vorsichtig in Stücke.

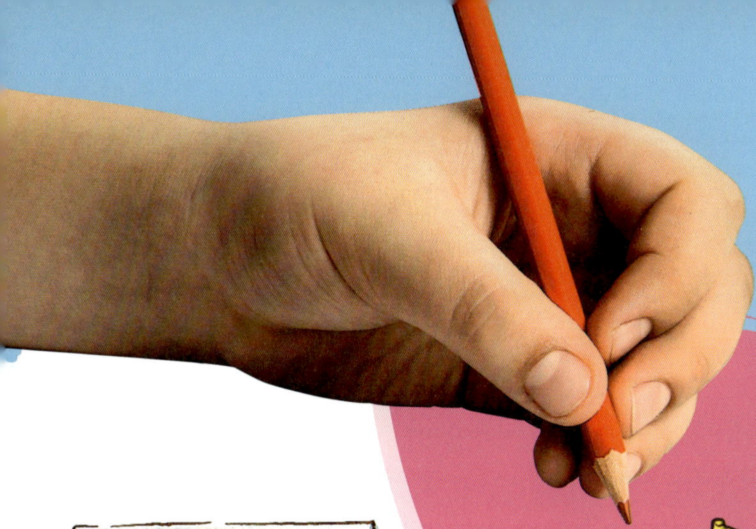

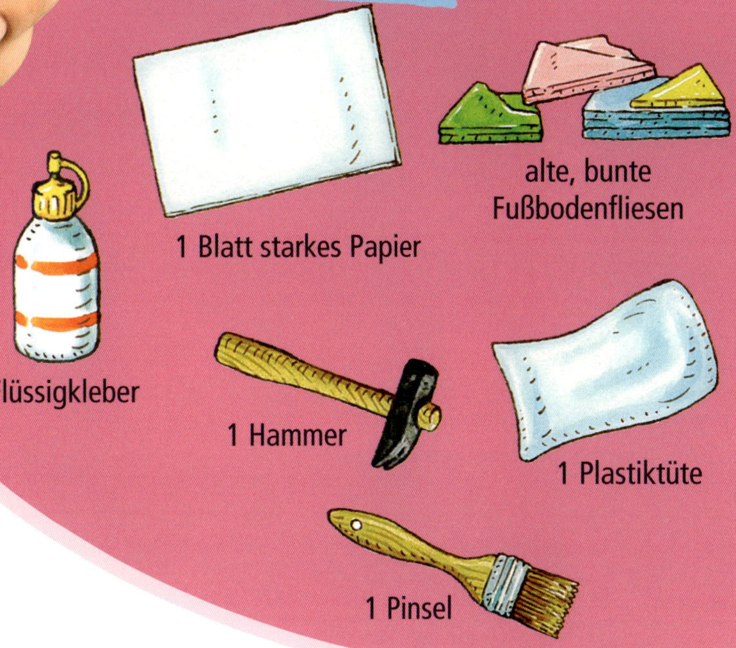

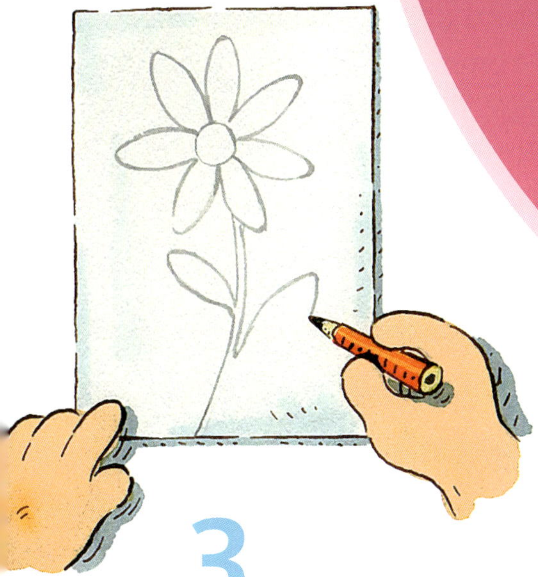

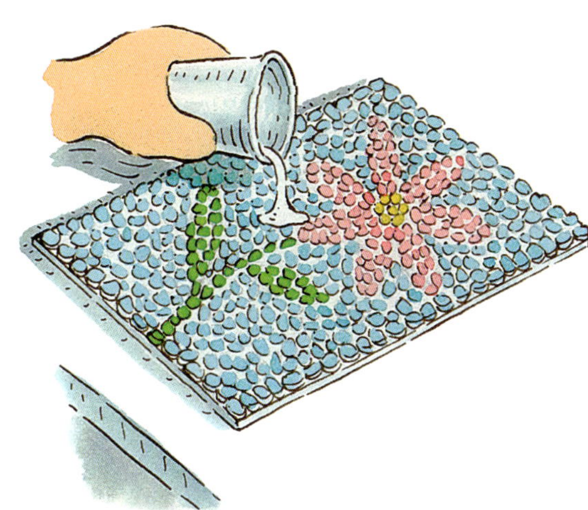

3

Zeichne den Umriss des Gegenstandes,
den du gestalten möchtest, auf das Blatt.
Unterteile ihn in verschiedene Bereiche,
so wie du ihn dann mit den unterschied-
lichen Farbsteinchen bekleben möchtest.

4

Beklebe einen
Bereich nach dem
anderen:
Gib immer etwas
Kleber auf einen
Teil und lege
sofort die Fliesen-
stückchen darauf.

5

Wenn dein Mosaik fertig ist, gießt
du in die Zwischenräume ein
wenig Flüssigkleber und lässt es
bis zum nächsten Tag trocknen.

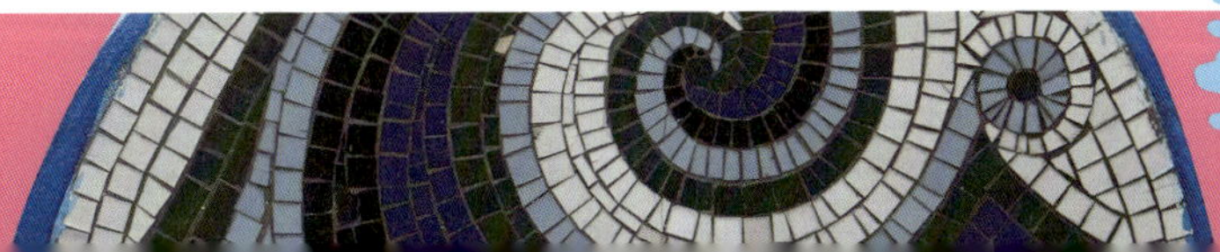

Wischtechnik

Wenn Tusche auf Temperafarbe aufgetragen wird, bleibt sie darauf liegen, haftet jedoch nicht daran. Nach einiger Zeit wird die Tusche rissig. Sie löst sich und darunter kommt wieder die Temperafarbe zum Vorschein.

1

Zeichne dein Bild auf das Papier und male es mit Temperafarben aus. Dann lässt du es trocknen.

2

Nimm den Pinsel und bedecke das Blatt komplett mit schwarzer Tusche.

1 weißes, dickes und raues Blatt

schwarze Tusche

1 Bleistift

1 mittelstarken Pinsel

Zeitungspapier

1 Schwamm

bunte Temperafarben

3

Wenn die Tusche trocken ist, befeuchtest du das Papier mit einem nassen Schwamm.

4

Die Tusche, die über der Temperafarbe war, löst sich und gibt die helleren Flächen darunter frei.

5

An den Stellen an denen du keine Temperafarbe aufgetragen hast, bleibt das Blatt schwarz, weil die Tusche am Papier haften bleibt.

Lege die Modelliermasse auf das Holzbrett und forme sie zu einer Kugel.

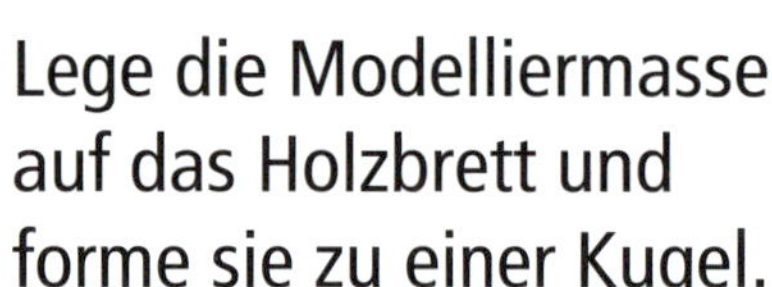

Drücke die Kugel mit der Hand in der Mitte etwas flach und ziehe sie langsam auseinander, bis sie wie eine Schüssel aussieht.

Den Rand der Schüssel machst du etwas dünner, indem du mit den Fingern von innen und außen an ihm entlangstreichst.

Wusstest du?

... dass lufttrocknende Modelliermasse den Vorteil hat, nicht so klebrig zu sein wie Knetmasse, und dass sie im Gegensatz zu Ton nicht gebrannt werden muss?

Um zu verhindern, dass die Modelliermasse hart wird, steckst du sie in eine Plastiktüte, die du gut verschließt. So bleibt die Modeliermasse monatelang weich. Wenn die Modelliermasse doch einmal zu fest geworden ist, kannst du sie mit ein wenig Wasser wieder geschmeidiger machen. Wenn sie zu weich ist, wird sie wieder fester, wenn du sie abgedeckt an der Luft liegen lässt.

4

Für die Henkel rollst du aus der Modelliermasse kleine „Würstchen" und befestigst sie außen an der Schüssel.

5

In dem Schälchen mischst du Lösungsmittel unter die Temperafarbe damit die Farbe besser hält. Male die Schüssel damit an.

6

Lasse die Schüssel trocknen und bestreiche sie dann mit Lack, um die Farbe zu schützen.

SALZTEIG

Mit wenig Geld und viel Fantasie kannst du tolle Kunstwerke aus Salzteig zaubern. Mit ein bisschen Mehl, Wasser und Salz stellst du einen leicht knetbaren Teig her. Außerdem garantiert dir der hohe Salzanteil, dass deine Werke lange haltbar bleiben.

Wenn du eine Blume machen möchtest, formst du sechs Kugeln aus dem Teig, drei große ovale und drei kleine längliche. Drücke sie mit der Hand ein wenig flach und ordne sie abwechselnd am Stängel an.

Die Blütenblätter biegst du leicht nach unten, so sehen sie echter aus.

1

Schütte das Mehl und das Salz in eine hohe Schüssel. Füge nach und nach ein wenig Wasser hinzu, bis der Teig geschmeidig ist.

2

Knete den Teig zuerst in der Schüssel und dann noch 10 Minuten auf der Arbeitsfläche, damit er schön elastisch wird.

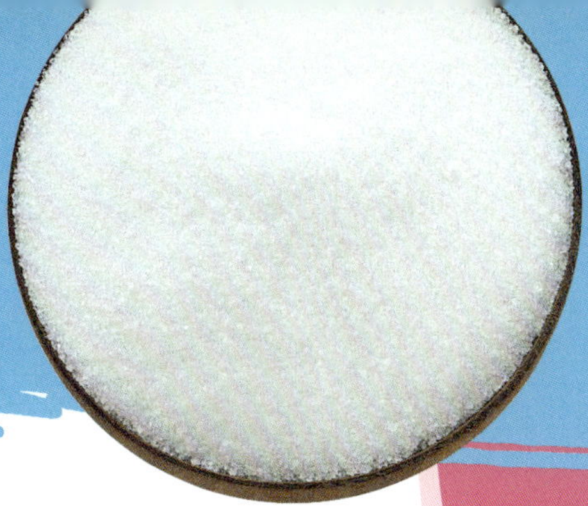

Du brauchst:

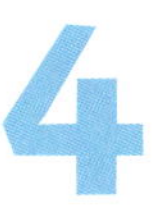

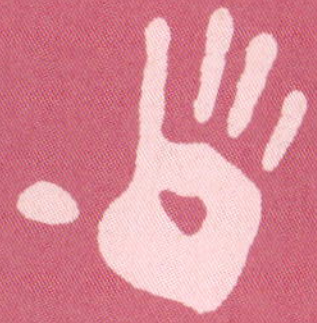

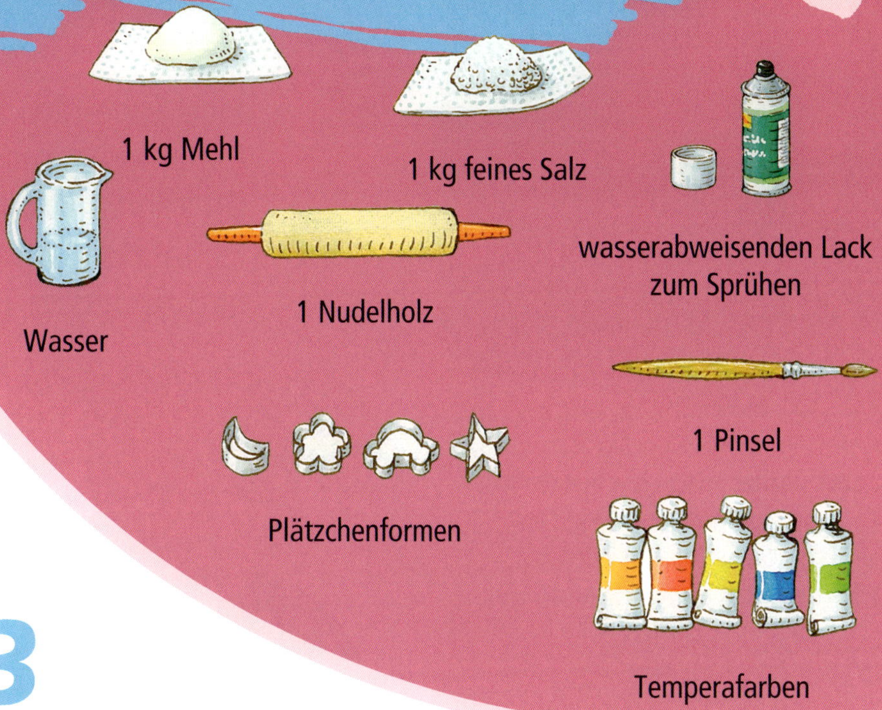
1 kg Mehl
1 kg feines Salz
Wasser
1 Nudelholz
wasserabweisenden Lack zum Sprühen
1 Pinsel
Plätzchenformen
Temperafarben

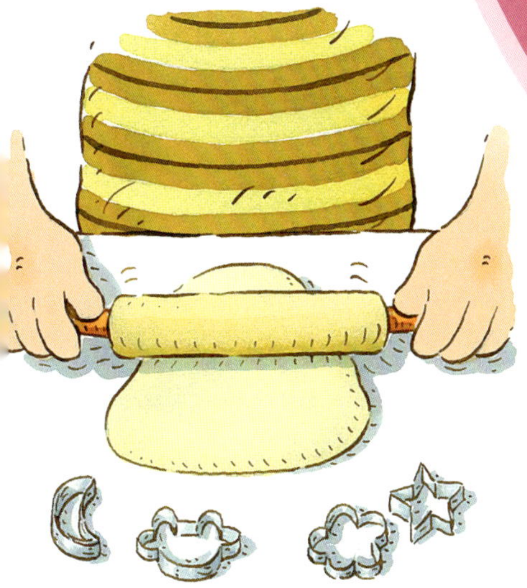

3

Rolle den Teig mit dem Nudelholz aus und steche die „Plätzchen" aus.

4

Wenn sie getrocknet sind, kannst du sie bemalen und mit dem Lack ansprühen.

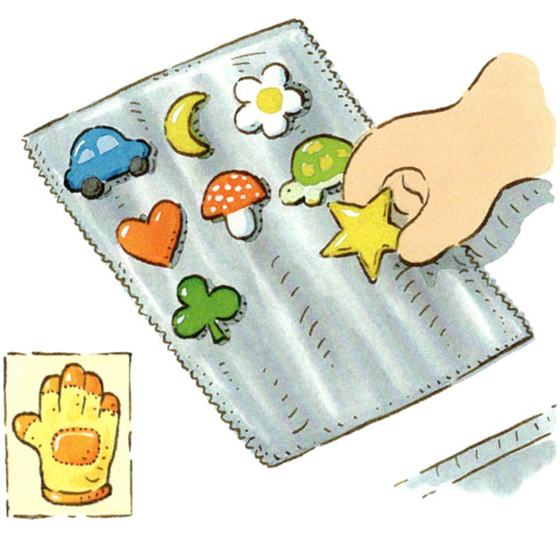

5

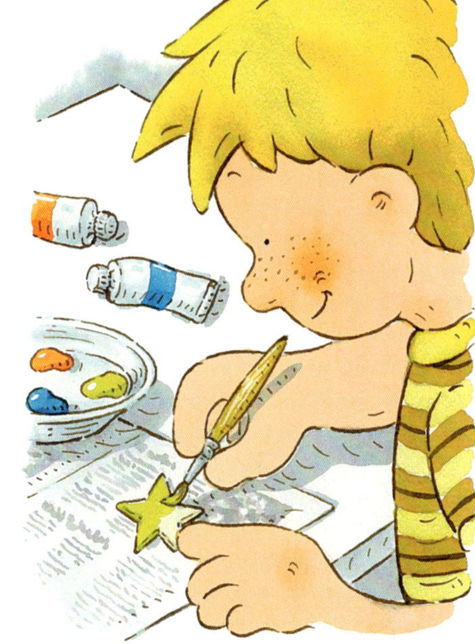

Lege deine Formen auf ein Stück Alufolie und schiebe sie bei 120°C für 30 Minuten in den Ofen.

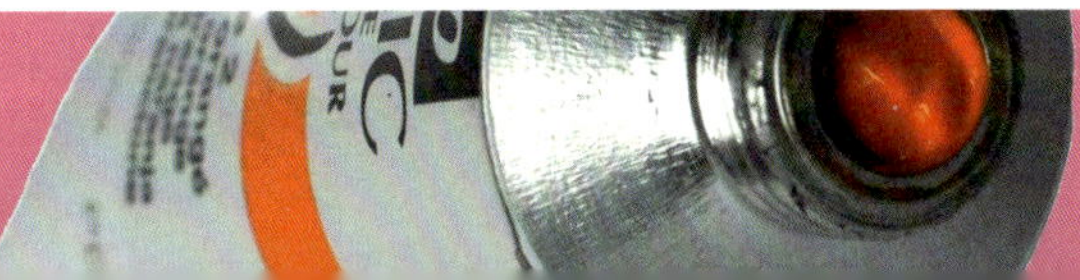

Pappmaschee

Eine Superidee für deine Bilder: Bastle dir aus Pappmaschee deinen Lieblingsrahmen dazu! Du kannst Pappmaschee zu Hause herstellen. Es hat den Vorteil, dass es unzerbrechlich wird und nach dem Trocknen ganz wenig wiegt.

1

Zeichne auf die Wellpappe ein Rechteck, das so groß sein muss wie das Bild, das du rahmen möchtest.

2

Trenne das Innere heraus, sodass ein Rand von 8 – 10 cm bleibt.

3

Wie du Pappmaschee herstellst, kannst du links nachlesen. Wenn das Pappmaschee fertig ist, formst du es zu kleinen „Würstchen".

4

Diese Pappmascheewürstchen klebst du auf den Wellpapperahmen.

5

Wenn er trocken ist, malst du den Rahmen mit den Temperafarben bunt an. Hänge dein Bild auf und zeige es deinen Freunden.

Vorbereitung Rezepte

Die Küche ist ein toller Ort und Kochen macht riesigen Spaß. Aber denk daran, dass scharfe Messer und heiße Backöfen gefährlich sind. Es ist besser, wenn ein Erwachsener dabei ist und dir hilft, wenn du mit Messern, Haushaltsgeräten, Herd und Ofen hantierst.

Wusstest du?

Ziehe Küchenhandschuhe an, wenn du heiße Sachen anfasst.

Wenn du Essen auf dem Herd umrührst, halte den Griff des Topfes gut fest.
Die Temperatur des Ofens darf nicht zu hoch sein.

1

Bevor du mit dem Kochen beginnst, musst du dir die Hände waschen und eine Schürze umbinden. Wenn du lange Ärmel hast, kremple sie besser hoch.

2

Stelle die Zutaten zurecht und miss die richtige Menge ab. Flüssigkeiten dosierst du mit dem Messbecher, feste Stoffe mit der Waage.

Messer, Gabeln und Löffel

1 Küchenschürze

Schüsseln, Töpfe, Pfannen

1 Küchenhandschuh

1 Messbecher

Schwämme und Lappen

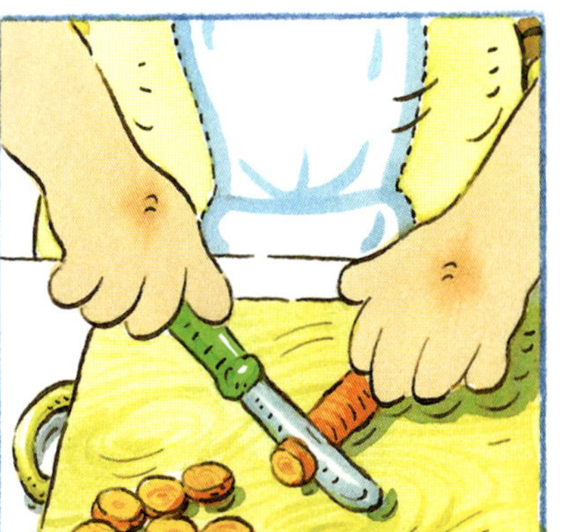

3

Messer können gefährlich sein, wenn du sie falsch verwendest: Halte sie immer mit der Klinge nach unten und benutze ein Schneidbrett.

Portionen

Zubereitungszeit

Schwierigkeitsgrad

4

Trockne deine Hände immer gut ab, bevor du den Stecker eines Küchengerätes in die Steckdose steckst.

5

Wenn du mit dem Kochen fertig bist, wasche das Geschirr ab, reinige die Küche und stelle alles wieder an seinen Platz zurück.

Minipizza

1

Gieße ein wenig Öl in eine Pfanne, füge die Tomaten dazu und bestreue sie mit Oregano.

2

Lasse die Tomatensoße 10–15 Minuten köcheln, bis sie leicht eindickt (siehe Tipp 1).

3

Schneide mit einem Messer die Ränder des Toastbrotes ab.

Wusstest du?

… dass Toastbrot ein leckerer und preiswerter Snack ist?

Tipp 1
Die Tomatensoße muss bei geringer Hitze köcheln, ohne richtig zu kochen.

Tipp 2
Kräuter wie Basilikum hackst du am besten, indem du die Blätter mit einer Hand festhältst, sie auf das Schneidbrett drückst und dann dünn schneidest.

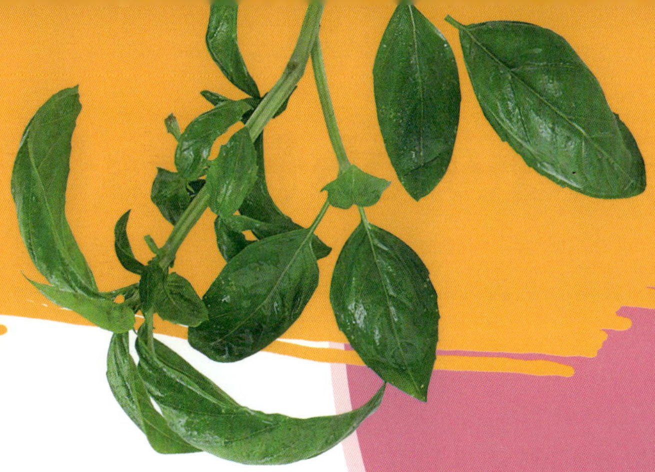

Du brauchst:

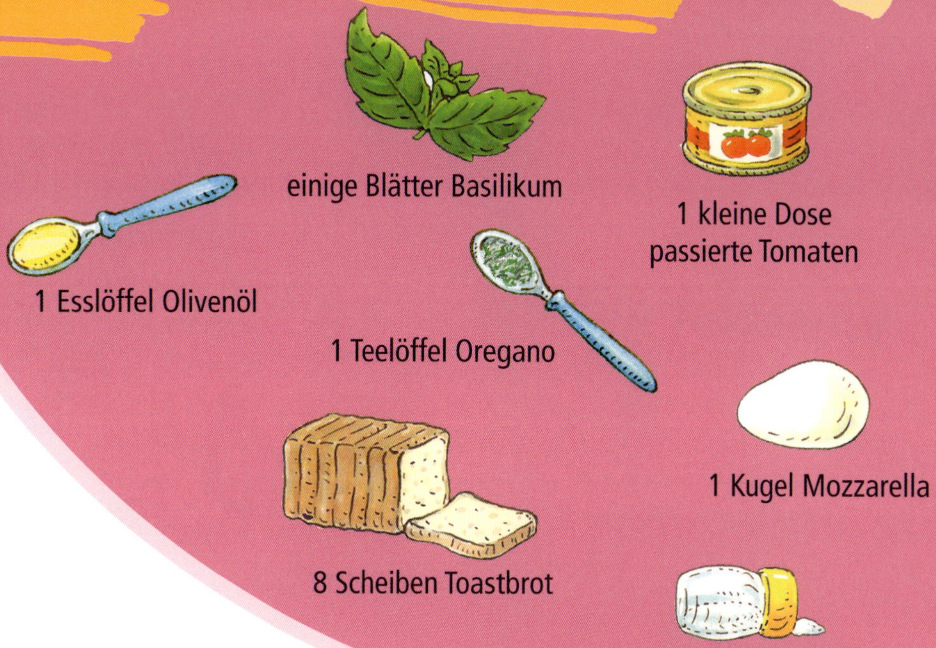

- 1 Esslöffel Olivenöl
- einige Blätter Basilikum
- 1 Teelöffel Oregano
- 1 kleine Dose passierte Tomaten
- 8 Scheiben Toastbrot
- 1 Kugel Mozzarella
- 1 Prise Salz

8 Minipizzen | 30 Minuten | sehr leicht

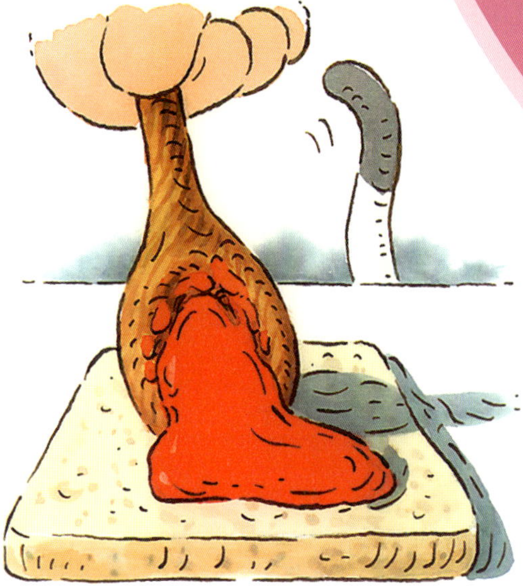

4

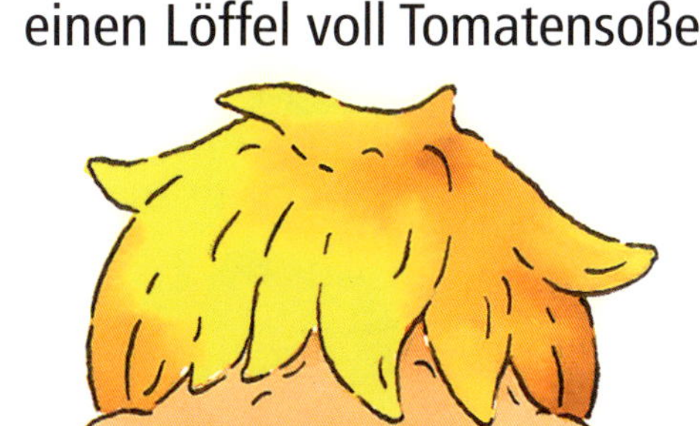

Gib auf jede Toastbrotscheibe einen Löffel voll Tomatensoße.

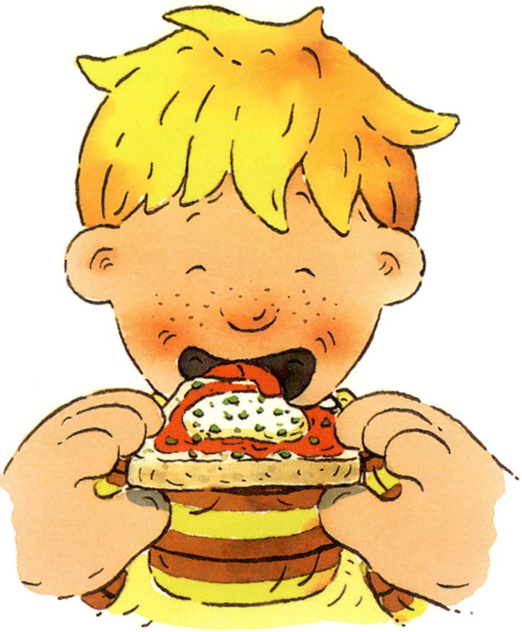

5

Lege auf jeden Toast eine Scheibe Mozzarella und salze sie.

6

Schiebe die Minipizzen bei 180°C für 10 Minuten in den Ofen.
Danach kannst du sie mit gehacktem Basilikum garnieren (siehe Tipp 2).

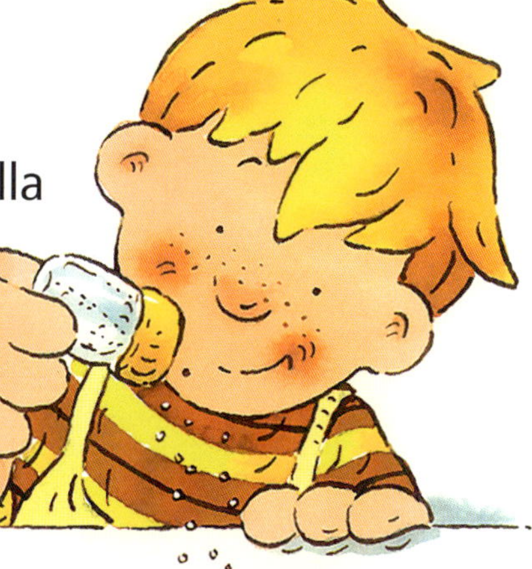

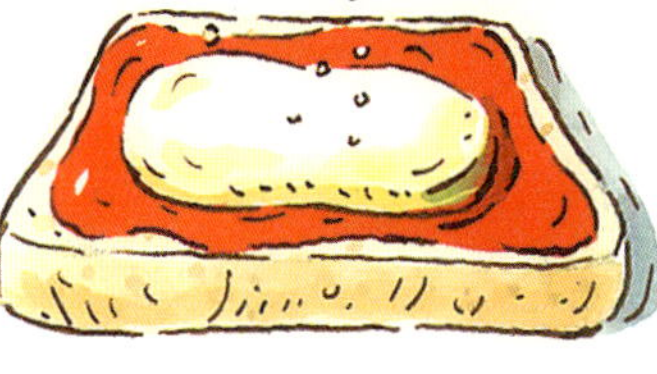

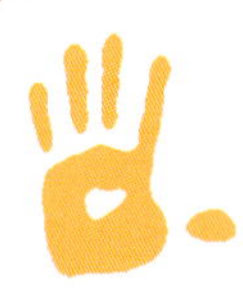

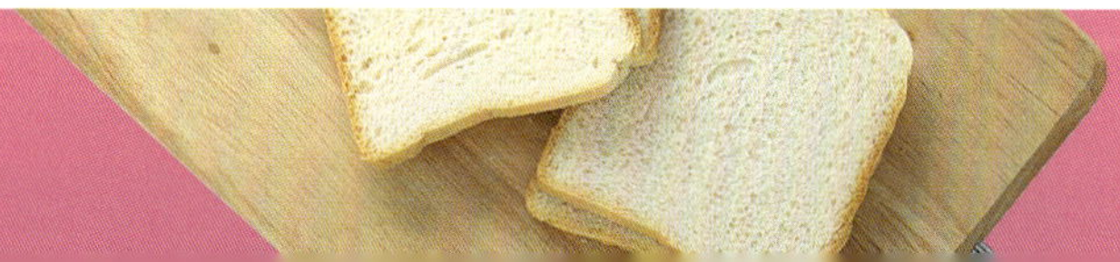

Sandwichtoast

Wusstest du?

... dass Orangen ganz viel Vitamin C haben?

Für ein Glas frisch gepressten Saft brauchst du zwei Orangen.
Halbiere sie und presse sie aus.

Lass dir den Saft schmecken!

1

Nimm die Butter aus dem Kühlschrank und lasse sie bei Zimmertemperatur weich werden.

2

Bestreiche jede Scheibe Toastbrot mit Butter.

3

Belege vier Toastbrotscheiben mit dem gekochten Schinken und dem Käse.

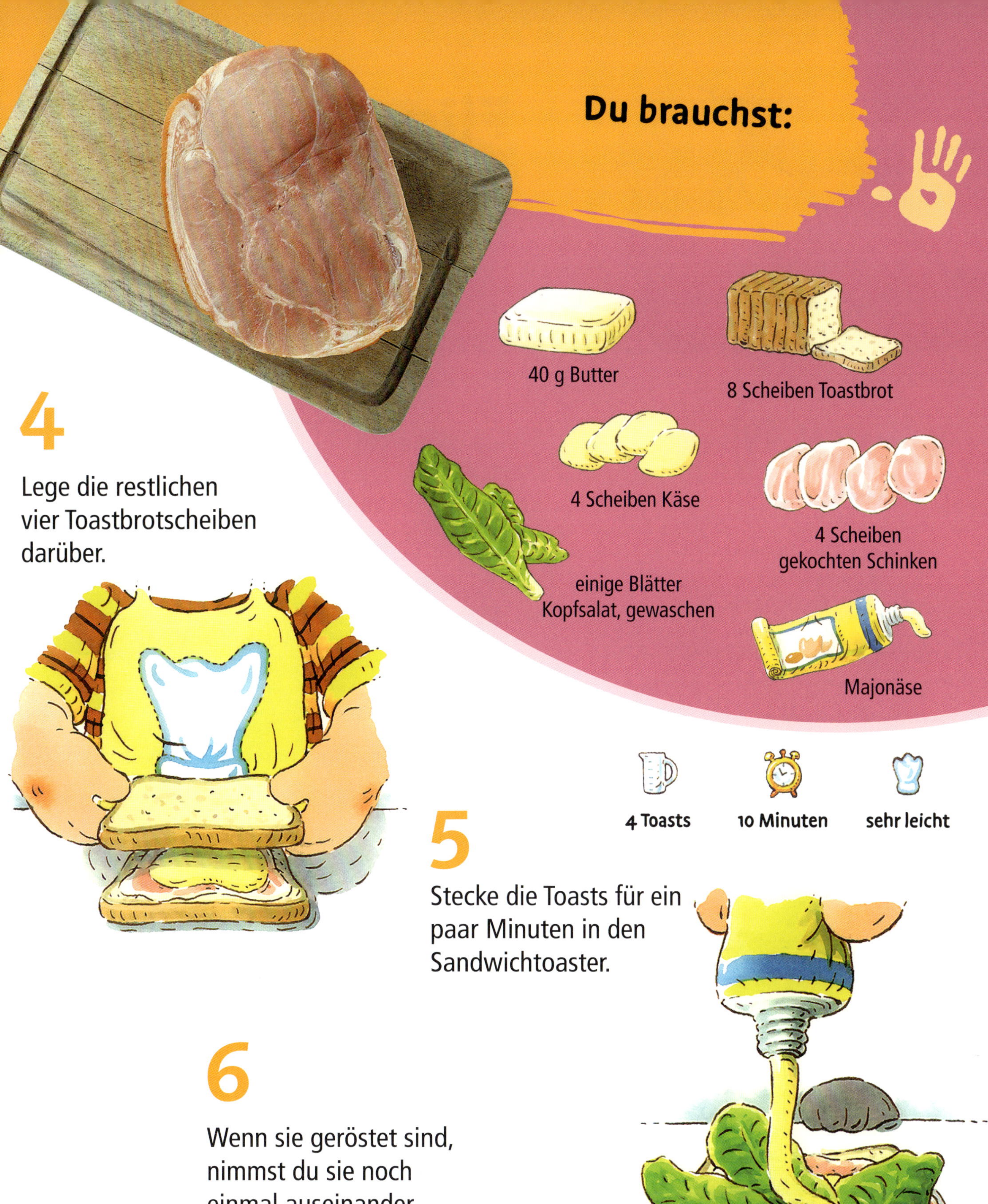

Du brauchst:

4

Lege die restlichen vier Toastbrotscheiben darüber.

5

Stecke die Toasts für ein paar Minuten in den Sandwichtoaster.

6

Wenn sie geröstet sind, nimmst du sie noch einmal auseinander und garnierst sie mit Majonäse und den Salatblättern.

Fliegenpilzeier

1

Lege die Eier in
einen Topf. Fülle so
viel Wasser in den
Topf, dass die Eier
bedeckt sind.
Koche sie 10 Minuten.

2

Lege die hart gekochten
Eier zum Abkühlen in eine
Schüssel mit kaltem Wasser
und schäle sie dann
(siehe Tipp 1 und 2).

nach Wunsch gehackte
Petersilie zum Verzieren

eine Tube Majonäse
zum Garnieren

3 reife Tomaten

6 Eier

6 Portionen   20 Minuten   sehr leicht

3

Schneide vom unteren Ende
der Eier eine dünne Scheibe
ab, sodass sie stehen
können, und setze sie auf
den Teller.

4

Halbiere die Tomaten
und entferne die Kerne
und das Fruchtfleisch.
Dann setzt du jedem
Ei ein „Tomaten-
hütchen" auf.

5

Mit der Majonäse aus der Tube machst
du kleine Tupfer auf die Tomatendeckel,
sodass sie wie kleine Fliegenpilze aussehen.

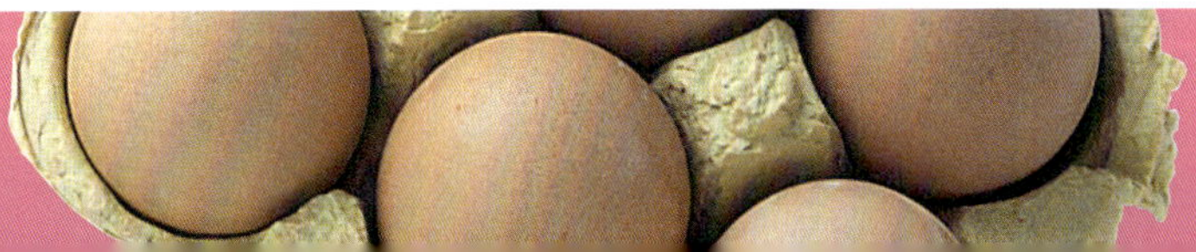

Hamburger

Wusstest du?

... dass deine Augen beim Zwiebel-schneiden nicht unbedingt tränen müssen?

Tipp 1
Schäle die Zwiebel unter laufendem Wasser.

Tipp 2
Halbiere die Zwiebel und schneide die Hälften in Spalten.

Tipp 3
Drehe sie um 90° und hacke sie so weiter, dass kleine Würfel entstehen.

1

Schäle die Zwiebel, hacke sie klein (siehe Tipp 1, 2 und 3) und gib sie in eine Schüssel.

2

Füge das Hackfleisch, das Eigelb und das Salz hinzu und vermenge alles.

3

Forme aus dem Teig vier Fleisch-bällchen.

Du brauchst:

4

Drücke die Bällchen
mit der flachen Hand platt.

5

In einer teflon-
beschichteten
Pfanne brätst du
das Hackfleisch
auf beiden Seiten
5 – 10 Minuten.

6

Halbiere die Hamburgerbrötchen und belege
sie mit dem gebratenen Hackfleisch, den Salatblättern und den Tomatenscheiben. Nach Be-
lieben kannst du den Burger noch mit Ketchup
und Majonäse verfeinern.

Pizza mit Thunfisch

1

Schneide die Butter in kleine Stücke, gib sie mit dem Mehl und dem Salz in eine Schüssel und verknete alles mit den Händen (siehe Schritt 1).

2

Wenn der Teig krümelig aussieht, kannst du die Milch dazugeben. Knete den Teig weiter, bis er die Milch aufgenommen hat und forme eine glatte Kugel.

3

Bestäube die Arbeitsfläche und dein Nudelholz mit Mehl. Rolle den Teig aus, bis er die Form einer Pizza hat (siehe Schritt 2 und 3).

220 g Mehl

50 g Butter

100 g Käse

½ Esslöffel Salz

1 Dose Tomatensoße

8 Esslöffel Milch

schwarze Oliven

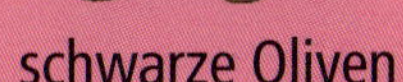
in Scheiben
geschnittene Zwiebeln

1 Dose Thunfisch

1 Pizza

40 Minuten

mittelschwer

4

Lege den ausgerollten
Teig auf ein gefettetes
Backblech und bestreiche
ihn mit der Tomatensoße.
Am Rand musst du einen
Zentimeter freilassen.

5

Verteile den Thun-
fisch, die Oliven und
die Zwiebelscheiben
auf der Pizza. Zum
Schluss gibst du den
geriebenen Käse
auf die Pizza.

6

Backe die Pizza bei
220°C 15 – 20 Minuten
im vorgeheizten Ofen,
bis sie eine schöne,
goldgelbe Farbe
bekommt.

Schildkröten aus Brotteig

1

Verrühre das Mehl, den Zucker, ein Ei und eine Prise Salz in einer Schüssel.

2

Füge die Milch, die klein geschnittene Butter und die anderen Eier hinzu und rühre so lange, bis du einen weichen Teig erhältst.

3

Bestäube den Tisch mit ein wenig Mehl und knete den Teig 5 Minuten lang durch, bis er schön weich und geschmeidig ist (siehe Tipp 1).

"

30 g Zucker

1 Prise Salz

3 Eier

1 Eigelb

220 g Mehl

Sesamkörner

3 Esslöffel Milch

4

Lege ein Stück Teig beiseite und forme aus dem Rest acht Kugeln. Drücke sie mit der flachen Hand platt und bringe sie in eine ovale Form. Schneide die Oberfläche wie auf der Abbildung ein, damit sie wie der Panzer einer Schildkröte aussieht.

8 Brötchen

30 Minuten

mittelschwer

5

Aus dem übrigen Teig bildest du den Kopf und die Beine und klebst sie unter die Brötchen. Bestreiche die Schildkröten mit dem verquirlten Eigelb (siehe Schritt 2).

6

Bestreue die Brötchen mit den Sesamkörnern und lege sie auf ein Backblech. Backe sie 15 Minuten bei 190°C.

Apfeltörtchen

... dass ein Apfel braun wird, nachdem du ihn geschält hast und er mit Luft in Berührung kommt? Das kannst du vermeiden, indem du ihn mit etwas Zitronensaft beträufelst.

Tipp 1
Nachdem du den Apfel gewaschen hast, setzt du den Apfelentkerner oben am Stiel an und drückst ihn vorsichtig nach unten.

Tipp 2
Dann ziehst du ihn mit dem Kerngehäuse wieder heraus.

1

Schäle die Äpfel und entferne die Kerngehäuse (siehe Tipp 1 und 2). Dann schneidest du sie in dünne Scheiben.

2

Verrühre in einer Schüssel die Eier mit dem Rohrzucker. Danach gibst du die restlichen Zutaten hinzu und vermischst alles.

3

Lege 4 Förmchen mit ca. 8 cm Durchmesser mit Backpapier aus.

3 Äpfel

2 Eier

1 Tartineform

3 Esslöffel Mehl

3 Esslöffel Jogurt

3 Esslöffel Rohrzucker

1 Prise Salz

2 Esslöffel Backpulver

4 Törtchen   40 Minuten   mittelschwer

4

Verteile die Apfelscheiben auf dem
Papier und gieße den Teig darüber.

5

Backe die Törtchen
20 Minuten bei 180°C
im vorgeheizten Ofen.

6

Nimm sie aus dem Ofen
heraus und lasse sie
auf einem Kuchengitter
abkühlen.

Bunter Salat

1

Wasche und trockne die Salatblätter sorgfältig.

2

Schneide den Salat (siehe Schritt 1) und gib ihn in eine große Salatschüssel.

3

Wasche und viertele die Tomaten und füge sie hinzu.

Wusstest du?

... dass Obst und Gemüse immer gut gewaschen werden müssen?

Schritt 1

Schritt 2
Schneide die Karotte in der Mitte auseinander und dann in kleine Längsstreifen.

Schritt 3
Jetzt legst du alle Karottenstreifen nebeneinander und schneidest sie quer.

1 Salat

8 Kirschtomaten

1 Karotte

10 schwarze Oliven

1 Esslöffel Olivenöl

1 Teelöffel Essig

1 Prise Salz

2 Portionen   15 Minuten   sehr leicht

4

Schneide die Karotte
in kleine Würfel
(siehe Schritt 2 und 3)
und mische sie mit
den Oliven unter
den Salat.

5

Vermische in einem Gefäß
mit Deckel Öl, Essig und
Salz. Verschließe es gut und
schüttle die Salatsoße
kräftig durch.

6

Gieße sie über
den Salat und
mische ihn.

Birnen mit Käsefüllung

Wasche die Birnen. Schäle sie und schneide sie in ½ cm dicke Scheiben (siehe Tipp 1).

2

Fülle eine Schüssel mit Wasser und gib einige Spritzer Zitronensaft dazu und lege die Birnen hinein. So verhinderst du, dass sie braun werden.

3

Zermahle die Nüsse im Mixer, bis ein feines Pulver entsteht.

Wusstest du?

... dass die griechischen und römischen Wahrsager auch Käsestückchen benutzten, um die Zukunft vorauszusagen?

Tipp 1
Wenn du die Birnen in Scheiben schneidest, musst du sehr vorsichtig sein, damit du dich nicht verletzt.

Tipp 2
Mit dem ersten Löffel formst du eine Käsekugel, mit dem zweiten Löffel kannst du sie verschönern und wieder vom ersten Löffel abstreifen.

4

Vermische die gemahlenen Nüsse mit dem Weichkäse.

5

Lege die Salatblätter auf einen Teller und setze die Birnenschreiben darauf. Garniere sie mit den Rosinen.

6

Mit zwei Teelöffeln formst du aus der Käsemischung kleine Kugeln und setzt sie auf die Birnenscheiben.

Fruchtspießchen

... dass Zitronensaft verhindert, dass das Obst braun wird?

Schritt 1
Schneide die Frucht in der Mitte auseinander.

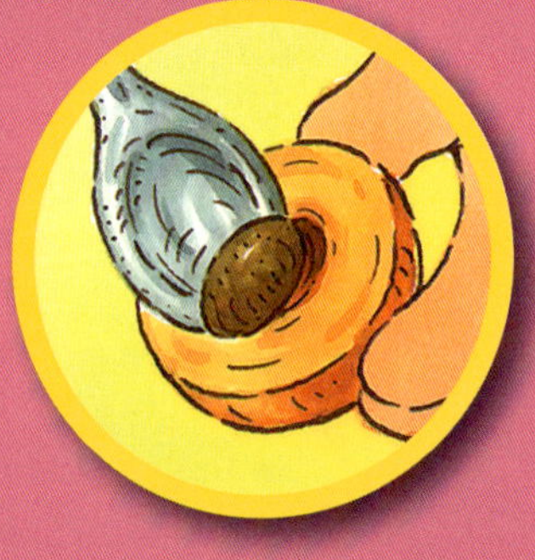

Schritt 2
Drehe die beiden Hälften gegeneinander, damit sich die Frucht teilt.

Schritt 3
Entferne den Kern mit einem Löffel.

1

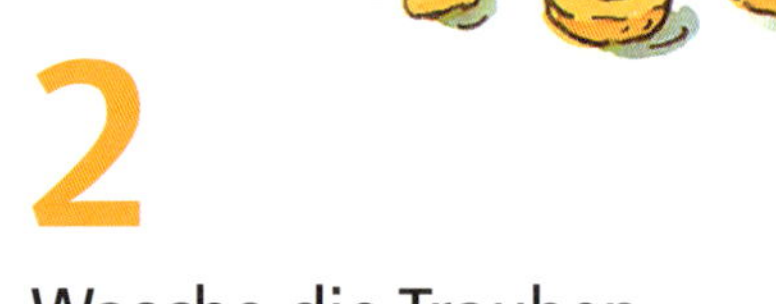

Wasche die Aprikosen und entferne die Kerne (siehe Schritt 1, 2 und 3). Danach schneidest du sie in kleine Stücke.

2

Wasche die Trauben und zupfe die Beeren ab.

3

Wasche die Erdbeeren, entferne die Blätter und halbiere die Früchte.

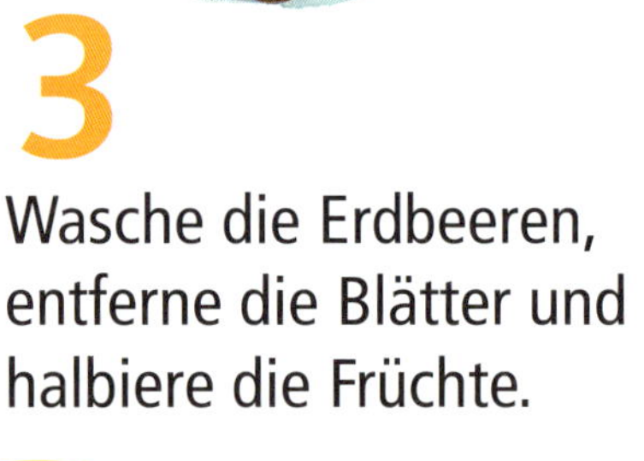

2 Aprikosen

weiße Trauben

einige Mandarinen-schnitze

6 Erdbeeren

1 Zitrone

1 Teelöffel Zucker

4 Spießchen   15 Minuten   sehr leicht

4

Stecke das Obst abwechselnd auf einen Holzspieß.

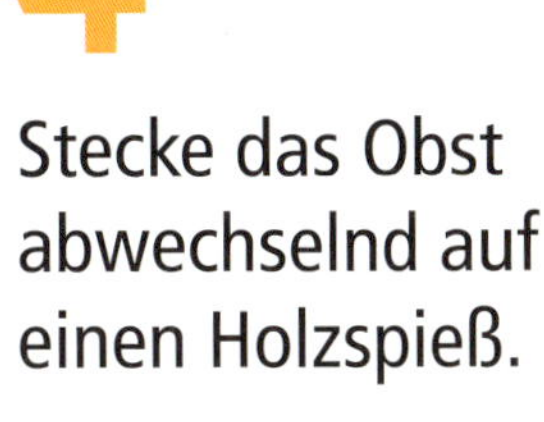

5

Mache so weiter, bis der Spieß fast voll ist.

6

Beträufle die Spieße mit Zitronensaft und bestreue sie mit Zucker. Dann stellst du sie für 30 Minuten in den Kühlschrank.

Apfelmuffins

Wusstest du?

... dass Muffins süße, kleine Kuchen sind, die man vor allem in England gerne isst? Sie werden aufgeschnitten und mit Butter und Honig bestrichen.

Tipp 1
Das Sieben von Mehl und Backpulver verhindert, dass der Teig klumpig wird.

Tipp 2
Drücke mit den Händen eine Mulde in die Mitte des Mehlgemisches und gib das Ei hinein.

1

Schneide die Butter in kleine Würfel. Schäle den Apfel, entferne das Kerngehäuse, viertele ihn und schneide ihn dann in Stückchen.

2

Siebe das Mehl mit dem Backpulver in eine Schüssel (siehe Tipp 1), füge den Zucker, die Butter und die Apfelstücke hinzu und vermische alles.

3

Mache eine kleine Mulde in das Mehl, gib das Ei hinein und gieße nach und nach die Milch dazu (siehe Tipp 2).

1 grünen Apfel

4 Esslöffel Butter

3 Tassen Mehl

3 Teelöffel Backpulver

1 Ei

1 Tasse Milch

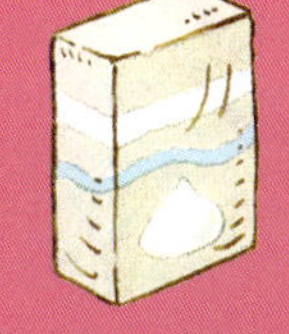

1 Tasse Zucker

4

Mit einem Kochlöffel
verrührst du die Masse,
bis sie ganz weich und
geschmeidig ist.

18 Muffins   **50 Minuten**   **mittelschwer**

5

Fülle den Teig in die
Förmchen und stelle sie
auf ein Kuchenblech.

6

Backe sie bei
180°C 15 Minuten.

Karottentörtchen

1

Reibe die Karotte auf einem Blatt Küchenpapier. So wird die Flüssigkeit, die beim Raspeln entsteht, gleich aufgesaugt.

2

Schmelze die Butter unter Rühren in einem Topf.

3

Verrühre das Ei, die Butter und den Zucker mit einem Kochlöffel in einer Schüssel.

4

Gib das Mehl mit
dem Backpulver,
die Karotten und
die Mandeln dazu.

5

Verteile den Teig
gleichmäßig auf
zwei eingefettete
Förmchen. Du kannst
auch kleine Papier-
förmchen verwenden.

6

Backe die Törtchen bei 160°C 25 Minuten und lasse
sie danach abkühlen. In der Zwischenzeit kannst du
die Glasur zubereiten (siehe Schritt 1 und 2).

Französische Crêpes

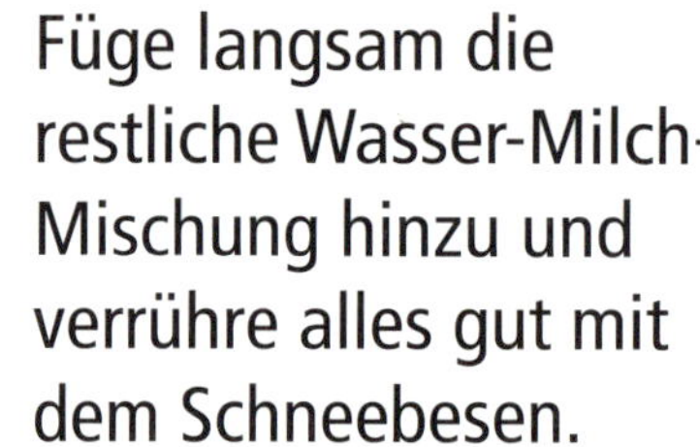

Wusstest du?

... dass Crêpes dünne Eierkuchen sind, die mit süßen Zutaten bestrichen werden (Schoko- oder Nusscreme, Marmelade)? Nach dem Füllen werden sie zusammengerollt oder zusammengeklappt.

Tipp 1
Wenn du Eier teilen möchtest, schlage sie in der Mitte gegen den Rand einer Schüssel.

Tipp 2
Mit dem Finger teilst du die Schale auseinander. Um das Eigelb vom Eiweiß zu trennen, schwenkst du das Eigelb von einer Schalenhälfte in die andere. So flutscht das Eiweiß nach unten in die Schüssel.

1

Gib das Mehl und das Salz in eine Schüssel. Schlage die Eier hinein (siehe Tipp 1 und 2) und füge ein wenig Milch und Wasser dazu. Dann verrührst du die Mischung mit einem Schneebesen.

2

Füge langsam die restliche Wasser-Milch-Mischung hinzu und verrühre alles gut mit dem Schneebesen.

3

Gib die Hälfte der geschmolzenen Butter mit in die Schüssel und verrühre alles mit dem Schneebesen.

150 ml Milch
mit 150 ml Wasser
vermischt

1 Teelöffel Salz

2 Eier

115 g Mehl

4 Esslöffel
geschmolzene Butter

4

Schmelze etwas Butter
in der Pfanne und
lasse sie heiß werden,
dann gießt du zwei
Löffel Teig hinein.

 **12 Crêpes**

 **20 Minuten**

leicht

5

Schwenke die Pfanne
so lange hin und her,
bis sich der Teig gleich-
mäßig verteilt hat.

6

Backe die Crêpes eine Minute, dann wende
sie und lasse sie noch einmal zehn Sekunden
von der anderen Seite braun werden. Gib sie
auf einen vorgewärmten Teller.

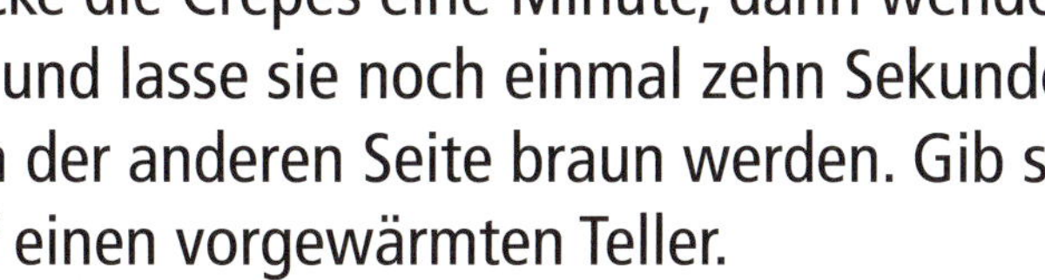

Bananensplit

Wusstest du?

… dass Schokolade aus Kakaomasse, Zucker und Kakaobutter besteht? Es gibt verschiedene Sorten Schokolade: z.B. Vollmilch, weiße Schokolade oder Zartbitterschokolade.

Schritt 1

Gib die zerbröckelte Schokolade in einen Topf und lass sie bei geringer Hitze schmelzen. Dann gibst du die Milch dazu.

Schritt 2

Lass die Schokosoße unter kräftigem Rühren noch weitere 5 Minuten köcheln.

1

Zerbröckle die Schokolade und schmelze sie mit der Milch bei geringer Hitze in einem Topf (siehe Schritt 1 und 2).

2

Füge den Zucker hinzu und verrühre alles. Mach den Herd aus und lass die Schokoladensoße abkühlen.

3

Verteile das Eis auf zwei Teller.

2 Teelöffel Zucker

3 Esslöffel Milch

50 g Zartbitter-
schokolade

6 Kugeln Eis
(vier Kugeln Vanille und
zwei Kugeln Schokolade)

Sprühsahne

1 Banane

2 Portionen   30 Minuten   leicht

4

Schäle die Banane
und halbiere sie
der Länge nach.

5

Lege jeweils eine Bananen-
hälfte auf einen Teller
und gieße die Schokosoße
darüber.

6

Schüttle die
Sprühsahne
und verziere die
beiden Teller mit
Sahnetupfern.

Kekstorte

1

Lege eine Tortenform
mit Backpapier aus.

2

Zerkrümle die Kekse
in einer Schüssel und
gib die klein gehackten
Kirschen hinzu.

3

In einem Topf schmilzt
du bei geringer Hitze die
Schokoladenstückchen mit
der Butter und der Sahne.

Wusstest du?

... dass du aus einer Banane und einer
Tasse Milch einen leckeren Milchshake
für deine Freunde zaubern kannst?

Schäle eine Banane und schneide sie
in kleine Stücke.

Gib sie zusammen mit der Milch
in einen Mixer und mixe alles eine
Minute lang durch.

Gieße den Bananenmilchshake
in zwei Gläser.

50 g Mandelstifte

50 g kandierte Kirschen

100 g Schokolade

50 g Butter

2 Esslöffel Sahne

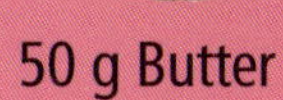
250 g trockene Kekse

30 g Rosinen

4

Gieße die Schokoladenmischung,
die Mandeln und die Rosinen über
die Kekse und vermische alles.

1 Torte   20 Minuten   leicht

5

Fülle die Mischung
in die Tortenform
und bedecke sie mit
Alufolie.

6

Stelle die Torte für zwei
Stunden in den Kühlschrank.
Wenn sie fest geworden ist,
kannst du sie aus der Form
nehmen.

Teegebäck

Wusstest du?

... dass die Engländer die Angewohnheit haben, nachmittags um fünf Tee zu trinken und dazu etwas Leckeres zu essen?

Bringe Wasser in einem Topf zum Kochen.

Wenn das Wasser kocht, gibst du pro Person einen Löffel Teeblätter oder einen Teebeutel hinein.

Gieße den Tee durch ein feines Sieb in die Tassen.

1

Verrühre den Zucker so lange mit der Butter, bis eine cremige Masse entsteht.

2

Schlage die Eier in eine andere Schüssel und füge sie nach und nach der Butter-Zucker-Mischung hinzu.

3

Füge das Mehl, die Kirschen und die Rosinen hinzu. Verrühre alles gut miteinander.

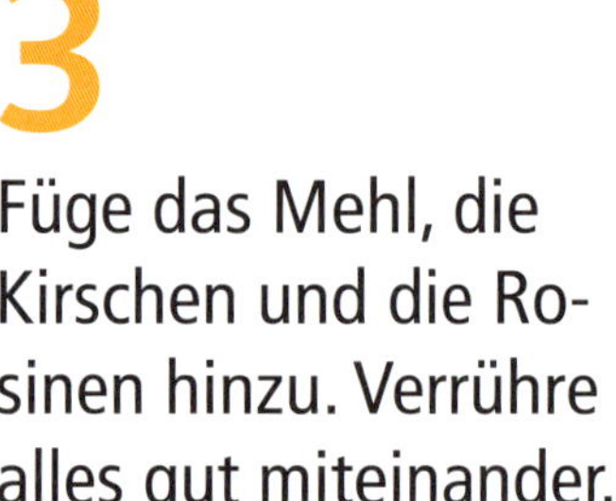

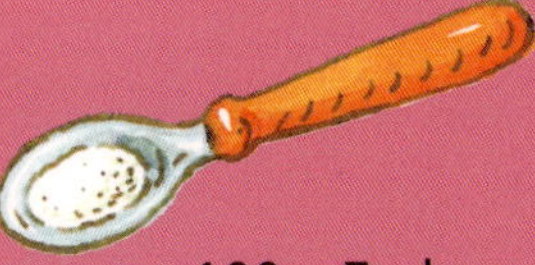

100 g Zucker

2 Eier

100 g weiche Butter

100 g kandierte Kirschen

100 g Rosinen

100 g Mehl

12 Gebäck-
teilchen

40 Minuten

mittelschwer

4

Mit einem Löffel
füllst du den Teig in
12 kleine Förmchen.

5

Stelle sie auf ein
Backblech und schiebe
sie bei 180°C für 8 Minuten
in den vorgeheizten Ofen.

6

Wenn das Gebäck fertig ist,
nimmst du es vom Blech und
lässt es abkühlen.

Joghurtbärchen

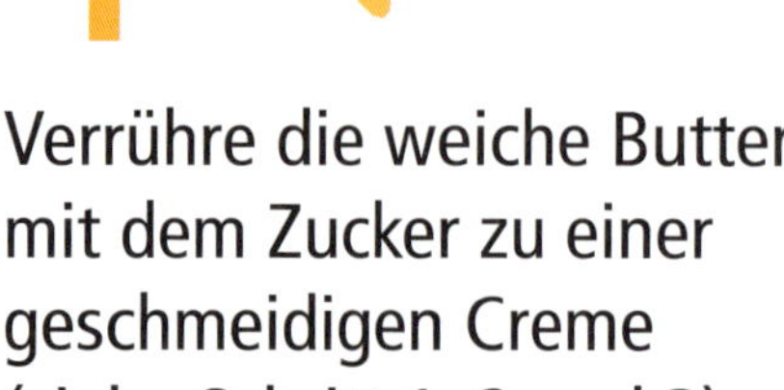

1

Verrühre die weiche Butter mit dem Zucker zu einer geschmeidigen Creme (siehe Schritt 1, 2 und 3).

2

Verrühre die Eier mit dem Vanillezucker und mische sie dann unter die Butter.

3

In einer anderen Schüssel vermischst du das Mehl mit dem Backpulver und dem Salz.

250 g Mehl

180 g Rohrzucker

125 g Butter

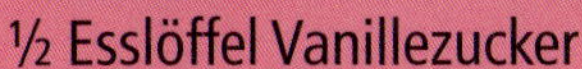
½ Esslöffel Vanillezucker

100 ml Milch

1 Teelöffel Backpulver

150 g Vollmilchjoghurt

1 Prise Salz

2 Eier

8 Bärchenformen

8 Bärchen   60 Minuten   mittelschwer

4

Unter Rühren gibst du dem Butter-Ei-Gemisch abwechselnd Milch, Mehl und Joghurt hinzu. Verrühre das Ganze gut.

5

Fülle den Teig in 8 eingefettete Bärchenformen und schiebe sie für 30 Minuten bei 180°C in den Ofen.

6

Nimm die „Bärchen" aus der Form. Wenn sie abgekühlt sind, kannst du sie noch mit Schokoladenaugen verzieren.

Eis mit Himbeersoße

Wasche die Himbeeren und gib sie mit dem Orangensaft und dem Zucker in den Mixer.

Mixe so lange, bis du eine geschmeidige Soße erhältst (siehe Tipp 1).

Gieße die Soße in einen Topf und lasse sie 5 Minuten kochen (siehe Tipp 2).

Wusstest du?

... dass man zur Herstellung von Eis Milch, Zucker und Sahne verwendet? Diese Mischung wird dann eingefroren.

Tipp 1
Wenn du den Stecker des Mixers in die Steckdose steckst oder wieder herausziehst, musst du gut darauf achten, dass deine Hände trocken sind. Schaue auch nach, ob der Deckel gut verschlossen ist.

Tipp 2
Verrühre die Soße mit einem Kochlöffel und lasse sie 5 Minuten kochen.

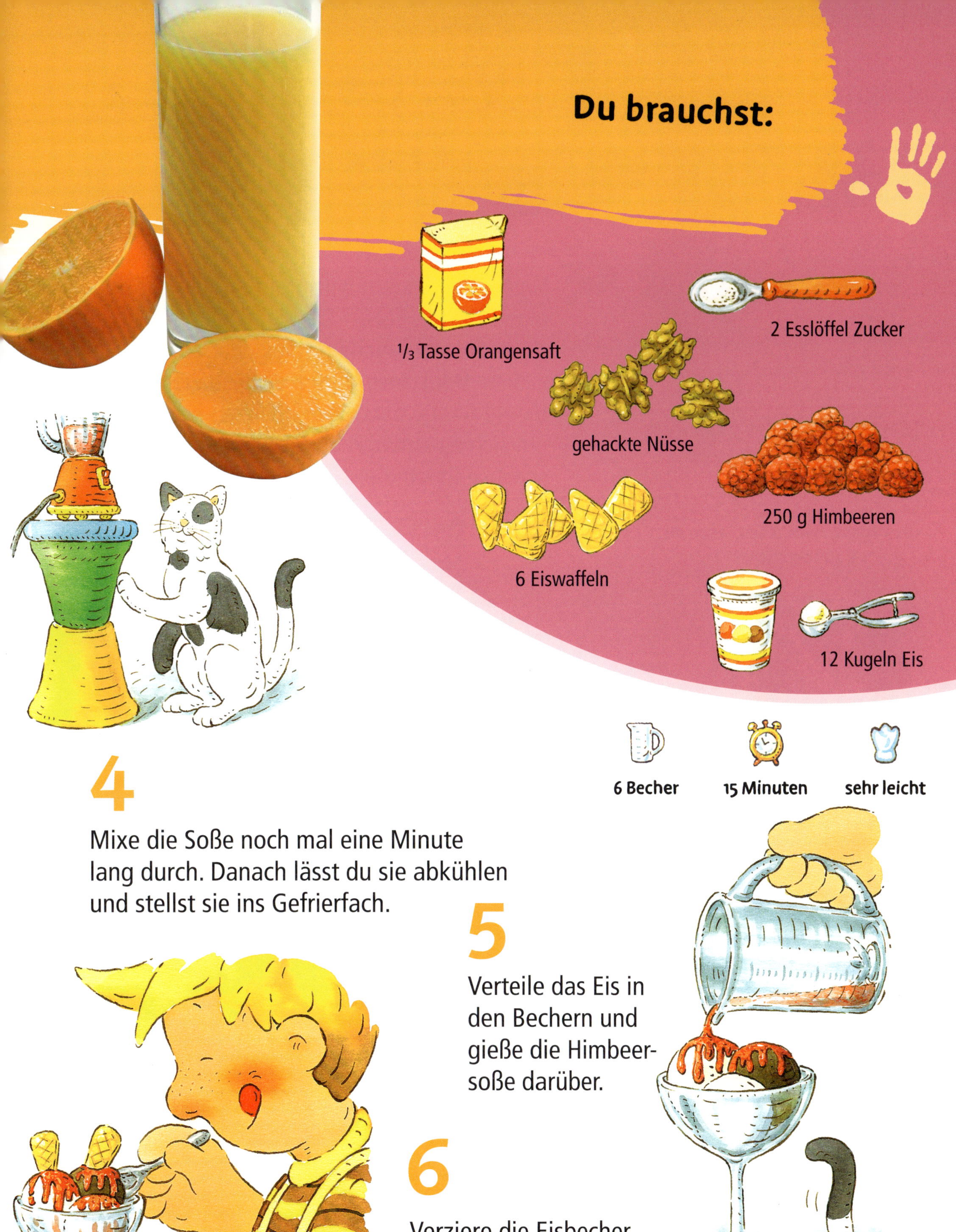

4

Mixe die Soße noch mal eine Minute
lang durch. Danach lässt du sie abkühlen
und stellst sie ins Gefrierfach.

5

Verteile das Eis in
den Bechern und
gieße die Himbeer-
soße darüber.

6

Verziere die Eisbecher
mit den Waffeln
und den gehackten
Nüssen.

Vorbereitung Gärtnern

Wenn du gärtnern willst, musst du nicht unbedingt einen Garten haben. Du kannst deine Blumen oder Pflanzen auch im Haus oder auf dem Balkon ziehen. Denk aber daran, dass du viel Geduld für dieses Hobby benötigst. Pflanzen brauchen Zeit, um sich zu entwickeln: Also überstürze nichts und schenke ihnen viel Aufmerksamkeit.

... dass Pflanzen eingehen, wenn du sie zu sehr gießt?

Gieße das Wasser immer auf die Erde und nicht auf die Pflanze.

Schütte das Wasser aus dem Topfuntersetzer.

Wenn die Pflanze trocken ist, stellst du ihren Topf für eine Stunde in eine Schüssel mit Wasser.

1

Eine Pflanze ist ein lebender Organismus, der sich von Licht, Luft und Wasser mithilfe eines bestimmten Prozesses ernährt. Dieser Prozess heißt Fotosynthese.

2

Pflanzen lieben Luft und ein mildes Klima. Du musst das Zimmer also gut lüften oder die Töpfe ins Freie stellen. Außerdem darfst du sie nicht zu nahe an Heizkörper platzieren.

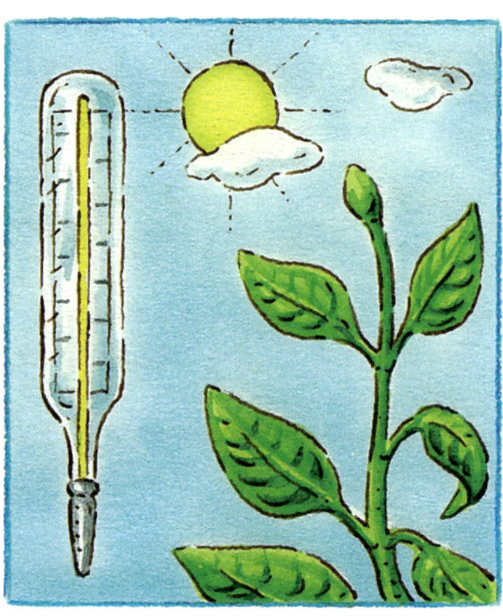

Du brauchst:

1 Gartenschürze, damit du nicht schmutzig wirst.

1 Gießkanne mit Gießaufsatz, um die Blumen und Pflanzen zu gießen.

1 Sprühflasche, um Blätter und Blütenblätter zu befeuchten.

1 Paar Gartenhandschuhe, damit du dir nicht an den Händen wehtust.

1 Schaufel zum Pflanzen und Verpflanzen kleinerer Gewächse.

3

Gieße die Pflanzen regelmäßig, aber ohne zu übertreiben. Am besten abends.

4

Die Pflanzen ziehen ihre Nährstoffe auch aus der Gartenerde. Lass dich von einem Fachmann beraten, bevor du welche kaufst.

5

Am besten sind Töpfe aus Ton, weil die Wurzeln darin nicht faulen. Es gibt sie in verschiedenen Formen und Größen.

Das Sprossenglas

Wenn du die einzelnen Wachstumsphasen der Samen aus der Nähe verfolgen möchtest, kannst du dir ein einfaches Sprossenglas selbst bauen. Wenn es fertig ist, musst du es an einen nicht zu hellen Ort mit gleichbleibender Temperatur stellen.

Wusstest du?

... dass sich viele Pflanzen vermehren, indem sich ihre Blüte in eine Frucht verwandelt? In dieser befinden sich die Samen.

Wenn sich der Pollen auf der Narbe einer Blüte absetzt, gelangt er mit Hilfe des Pollenschlauchs in den Fruchtknoten. Hier vereint er sich mit einer Samenanlage, um den Samen zu bilden.

Der Fruchtknoten um den Samen herum verwandelt sich in eine Frucht.

1

Lege das Marmeladenglas mit dem Filterpapier aus und lasse das Papier einige Zentimeter über den Rand stehen.

2

Fülle das Glas mit der Baumwolle und gib ein paar Zentimeter Wasser hinein. Die Baumwolle musst du immer feucht halten.

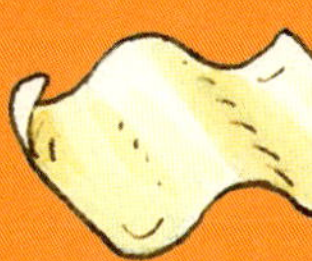

3

Stecke die Samen in zwei Zentimetern Höhe zwischen Filterpapier und Glas.

4

Nach wenigen Tagen werden die ersten Wurzeln sprießen, danach kommen die Blätter.

5

Wenn die Pflänzchen 10 cm hoch sind, kannst du sie in einen Topf mit Erde setzen.

Pflanzen bewegen sich

Die Sonnenblume orientiert sich mit ihrer Blüte an der Sonne.

Die Mimose faltet sich zusammen, wenn man sie berührt.

Die Nachtkerze öffnet ihre Blüten erst am Abend.

Pflanzen sind richtige Lebewesen, die sich bewegen. Sie neigen sich dem Licht zu oder bewegen sich von der Wärme weg. Aber die meisten machen dies so langsam, dass man es gar nicht sehen kann. Was die Drehrichtung angeht, so hat jede Pflanze ihre Vorlieben: Der Hopfen z. B. dreht sich immer von rechts nach links.

1

Pflanze den Bohnensamen in einen Topf mit Erde.

2

Gieße die Erde und stelle den Topf an einen sonnigen Platz. Nach einer Woche beginnt der Samen zu keimen.

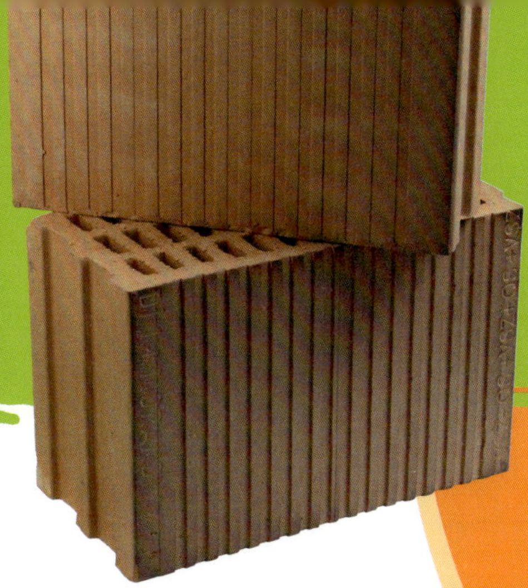

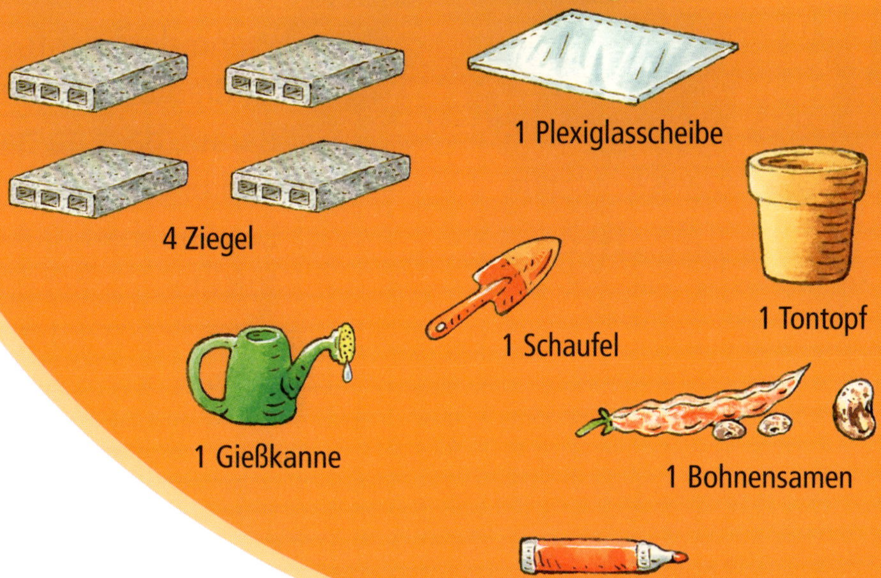

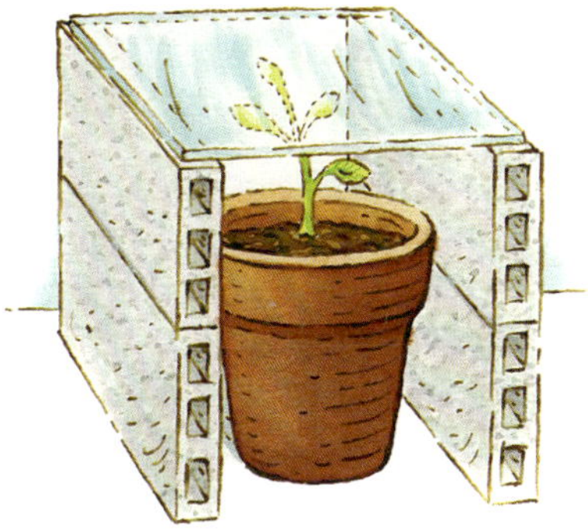

3

Lege die Plexiglasscheibe auf die vier Ziegel.
Stelle das Pflänzchen darunter, wenn es ungefähr zehn Zentimeter hoch ist.

4

Markiere den Punkt,
an dem die Pflanzen-
spitze die Scheibe
berührt.

5

Kontrolliere die Pflanze nach sechs Stunden: Du wirst
feststellen, dass die Spitze des Stängels sich nicht mehr
dort befindet, wo du die Markierung gemacht hast.
Die Pflanze hat sich um einige Grad gedreht.

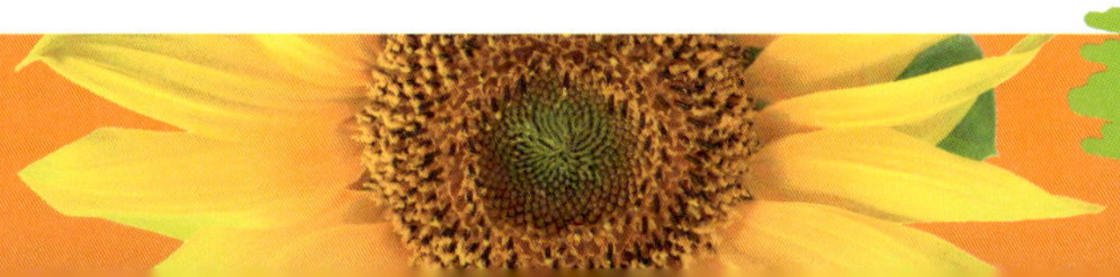

Blumen aussäen

Wenn du möchtest, dass sich Pflanzen vermehren, ist die Aussaat eine gängige Methode. Achte darauf, dass du die Blume zur richtigen Jahreszeit und unter den richtigen Bedingungen pflanzt. Die Angaben dazu findest du auf den Samentütchen. Du hast ja jetzt schon gesehen, wie aus einer Bohne eine Pflanze entsteht. Jetzt kannst du versuchen, Blumensamen zu säen.

... dass sich Samen von Wind und Wasser davontragen lassen, um sich zu verstreuen?

... dass der Löwenzahn einen „Fallschirm" benutzt, um seine Samen zu transportieren?

... dass der Ahorn sich eines Propellers bedient?

... dass die Klette Widerhaken hat, um sich an Kleidungsstücken und Tieren festzuhängen?

1

Lege die Holzkiste mit der Kunststofffolie aus. Verteile auf dem Boden eine Schicht Kies und fülle Gartenerde darauf, bis die Kiste voll ist.

2

Streue die Samen darauf und bedecke sie mit einer dünnen Schicht Gartenerde. Dann klopfst du die Oberfläche mit der Hand oder einer Schaufel fest.

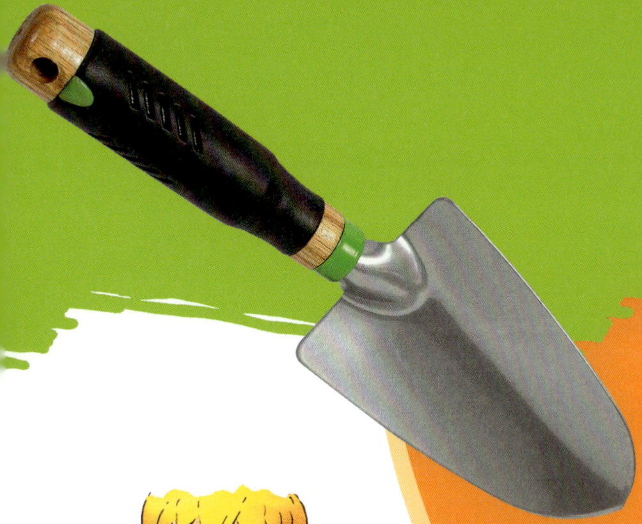

Du brauchst:

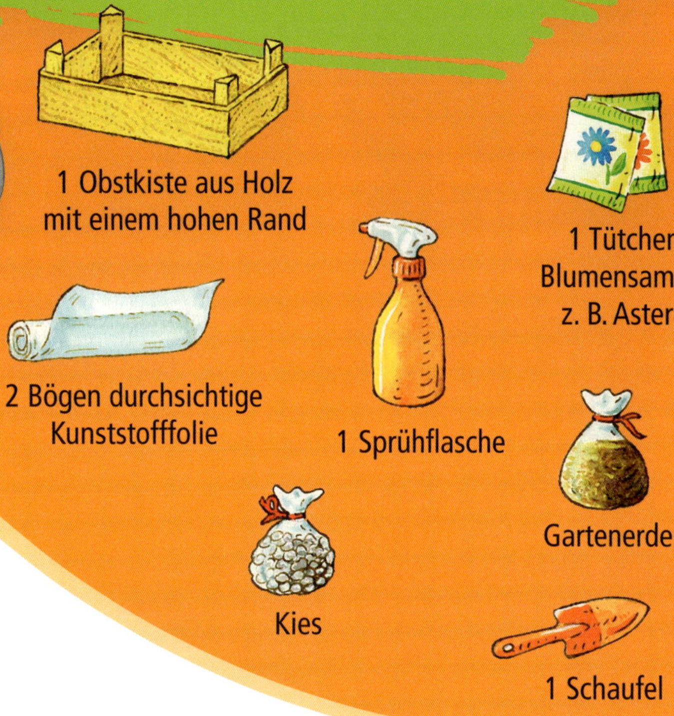

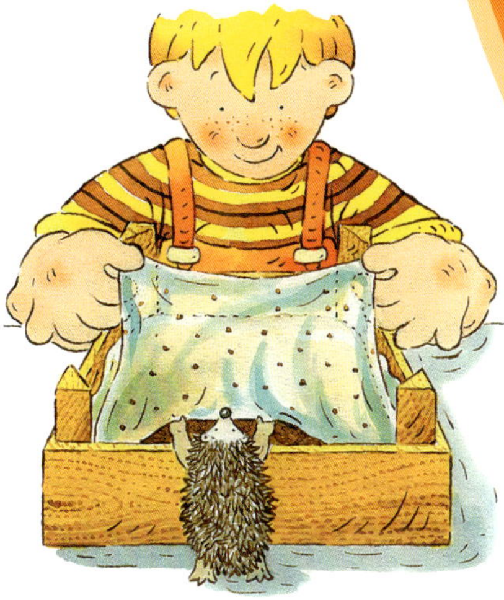

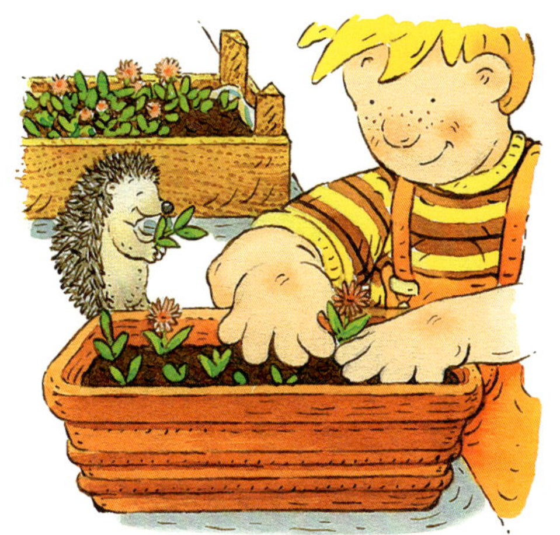

3

Befeuchte die Erde mit der Sprühflasche. Bohre ein Paar Luftlöcher in die Kunststofffolie und decke die Holzkiste damit ab. Stelle sie an einen geschützten Ort ins Warme.

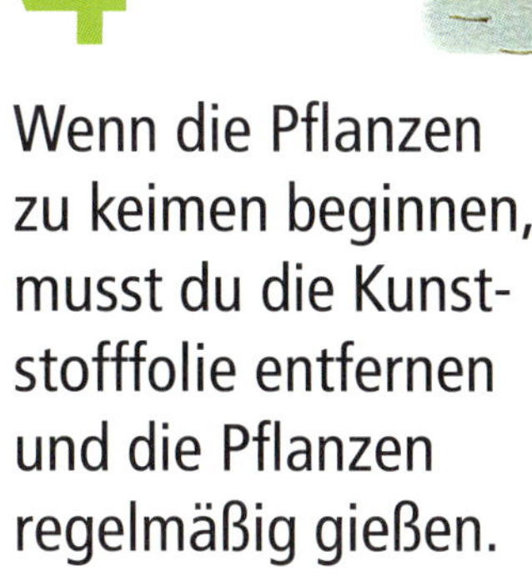

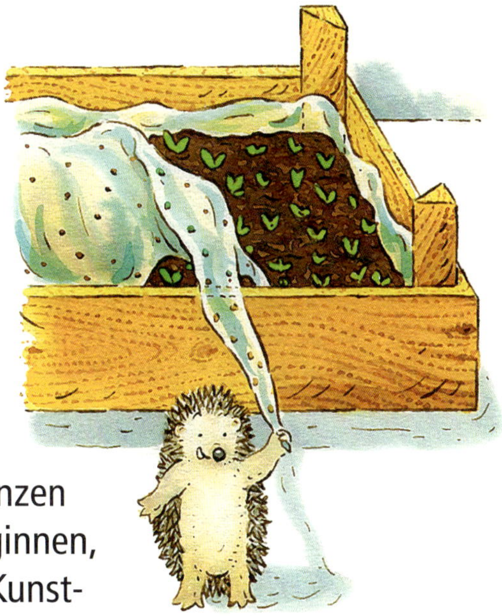

4

Wenn die Pflanzen zu keimen beginnen, musst du die Kunststofffolie entfernen und die Pflanzen regelmäßig gießen.

5

Wenn die Blumen größer sind, pflanzt du die kleinen Gewächse in Töpfe oder Blumenkästen um, damit sie mehr Platz haben.

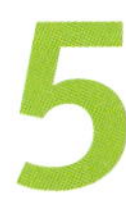

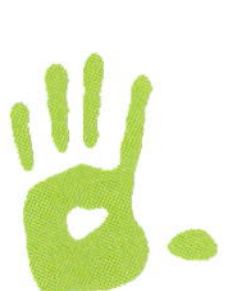

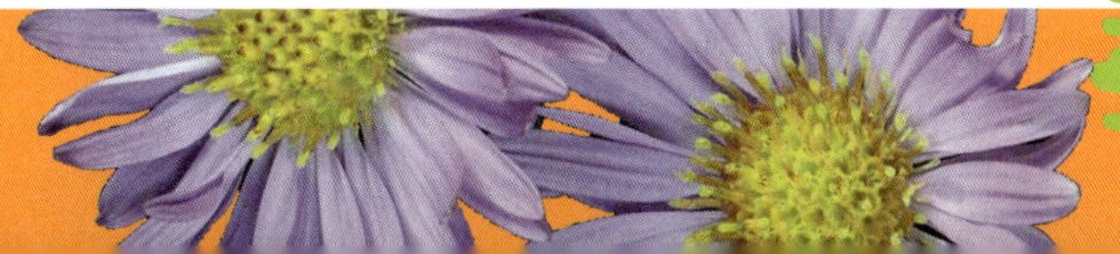

Geranien

Möchtest du viele verschiedene Pflanzen in deinem Garten haben? Säen ist sicherlich die geläufigste Methode, aber es gibt auch andere Wege, Pflanzen zu vermehren. Möglich ist dies z. B. auch mit einem Steckling. Dies funktioniert folgendermaßen: Wenn du von einer Pflanze, die man Mutterpflanze nennt, ein Stück vom Blatt, der Wurzel oder dem Stängel abtrennst, erhältst du ein weiteres Exemplar dieser Pflanze.

Der eigentliche Name der Geranie ist Pelargonie und kommt vom griechischen Wort „pelargòs." Das bedeutet „Storch". Die Früchte der Geranie sehen nämlich ein bisschen aus wie ein Storchenschnabel.

Die Geranienblätter riechen nicht nur gut, sondern haben auch eine nützliche Funktion: Sie beinhalten eine Substanz, die Mücken fernhält.

1

Mit einem Messer schneidest du von einer Geranie einen kleinen Zweig ab. Lass dir dabei von einem Erwachsenen helfen.

2

Aus der Spitze des abgeschnittenen Zweiges machst du einen ca. acht Zentimeter langen Setzling und entfernst die unteren Blätter. Oben kannst du zwei oder drei Blätter dranlassen.

3

Fülle den Topf zu gleichen Teilen mit Erde und Sand und lasse am oberen Rand einen Zentimeter frei. Pflanze den Zweig ein und drücke die Erde mit den Händen fest.

4

Gieße den Steckling und stelle ihn fünf Tage in den Schatten. Danach kannst du ihm ein sonniges Plätzchen suchen.

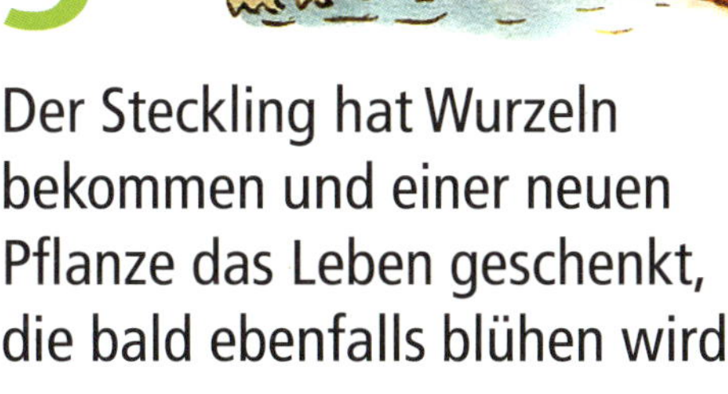

5

Der Steckling hat Wurzeln bekommen und einer neuen Pflanze das Leben geschenkt, die bald ebenfalls blühen wird.

Nelken

Manche Nelken sind klein, manche ganz groß mit dichten Blütenblättern. Sie lieben die Sonne und duften oft sehr intensiv. Du findest sie auf Wiesen und im Gebirge, aber auch in Blumenläden oder in der Baumschule. Mit den Seitentrieben der Nelken kannst du neue Pflanzen züchten.

Im antiken Griechenland wurden Nelkenkränze gebunden, um Zeus, den obersten Gott, zu ehren.

In Amerika stecken sich die Männer am Muttertag eine weiße Nelke ins Knopfloch.

1

Die Seitentriebe befinden sich am oberen Ende der Stängel. Wähle einen Trieb aus, der noch keine Knospe hat.

2

Schneide den Trieb mit der Schere ab und entferne die unteren Blätter. Drücke den Trieb leicht mit dem Fingern am unteren Ende des Stiels zusammen.

1 Nelke

1 Schere

1 Gießkanne

1 Tontopf

Gartenerde und Sand

Kies

1 Schaufel

3

Bereite den Topf vor: Auf den Boden gibst du den Kies, damit das Wasser abfließen kann. Dann vermischst du die Gartenerde mit dem Sand. Fülle sie in den Topf und lasse am oberen Rand einen Zentimeter Platz.

4

Stecke den Trieb vorsichtig in die Erde und besprenge ihn leicht mit Wasser. Dann stellst du den Topf an einen schattigen und windgeschützten Platz.

5

Du musst einen Monat lang Geduld haben, bis die Nelke Wurzeln bekommt. In dieser Zeit musst du sie jeden Tag gießen. Aber nicht zu sehr, denn Nelken mögen es nicht zu feucht.

Usambaraveilchen

Das Usambaraveilchen kommt ursprünglich aus Afrika. Es hat samtige Blätter und blüht in regelmäßigen Abständen mehrmals im Jahr. Wenn du von dieser Pflanze ein paar Blätter abmachst, kannst du aus jedem einzelnen eine neue züchten. Denk daran, dass dieses Veilchen es warm, aber nicht feucht mag.

... dass das Usambaraveilchen auch Afrikanisches Veilchen oder Kapveilchen genannt wird?

Das Usambaraveilchen hat Blätter, die mit einem ganz dichten Flaum besetzt sind, um sie vor den Sonnenstrahlen zu schützen. So kann die Pflanze Hitze und Trockenheit besser aushalten.

Damit dein Usambaraveilchen möglichst lange lebt, musst du es zweimal in der Woche gießen, aber nicht direkt auf die Blätter.

1

Zupfe ein Paar Blätter von der Mutterpflanze ab und lege die Holzkiste mit Kunststofffolie aus.

2

Fülle die Kiste mit Torf und stecke die abgetrennten Blätter hinein. Dann stellst du die Kiste an einen warmen, aber nicht zu hellen Platz.

Usambaraveilchen-
Blätter

1 Obstkiste aus Holz
mit einem hohen Rand

Tontöpfe in verschiedenen
Größen

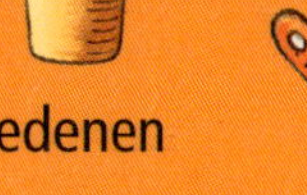

1 Schaufel

1 Bogen durchsichtige
Kunststofffolie

Gartenerde

1 Gießkanne

Torf

3

Befeuchte die Erde jeden
Tag mit ein wenig Wasser.
Nach einer Woche musst
du nur noch jeden zweiten
Tag gießen.

4

Nach einem Monat sprießen
die ersten kleinen Blätter.
Verpflanze die neuen
Setzlinge in kleine
Blumentöpfe, die du mit
Erde gefüllt hast.

5

Halte die Erde feucht und gieße
nicht direkt auf die Blätter.
Nach einem Monat musst du
die Veilchen in größere Töpfe
umpflanzen.

Ananassteckling

Hier stellen wir dir noch eine Art des Anpflanzens vor, die du im Haus machen kannst: Wir vermehren die exotische Ananas mit einem Steckling.

1

Das nächste Mal, wenn du eine Ananas isst, hebst du die Rosette auf. Die Rosette ist der obere Teil der Ananas, an dem auch die Blätter sitzen. Schneide sie so ab, dass noch zwei Zentimeter Fruchtfleisch dranbleiben.

2

Lege die Rosette zum Trocknen drei Tage lang an einen warmen Ort.

Gartenerde

1 Ananasrosette

1 Tontopf

1 Pflanzenthermometer

1 Schaufel

Sand

1 Gießkanne

3

Pflanze sie in einen Blumentopf, den du halb mit Sand und halb mit Erde gefüllt hast. Stelle ihn an einen hellen Platz, an dem eine Temperatur zwischen 20° C und 25°C herrscht.

4

Gieße die Rosette alle zehn Tage mit wenig Wasser. Nach ca. zwei Monaten hat sie Wurzeln bekommen.

5

Stelle die Pflanze an einen kühleren Platz (aber nicht kälter als 10°C) und gieße sie alle sechs Tage.

Tulpenzwiebeln

Im Herbst gibt es überall Blumenzwiebeln. Aus ihnen werden die schönsten Frühlingsblumen. Im Frühling erwachen sie und bahnen sich ihren Weg ans Licht. Wenn die Blüten und die Blätter verwelken, kehrt ihre Lebensenergie in die Zwiebel zurück, um im folgenden Jahr wieder zu erwachen.

1

Fülle eine ca. zwei Zentimeter hohe Schicht Sand in den Topf. Nun fülle den Topf bis zur Hälfte mit einer Mischung aus Gartenerde und Torf.

2

Stecke die drei Zwiebeln mit der Spitze nach oben in den Topf. Du musst sie eineinhalbmal so tief in die Erde stecken, wie sie dick sind.

Wusstest du?

... dass die Namen vieler Blumen aus den griechischen Sagen stammen?

Narziss, ein wunderschöner, junger Grieche, war so eitel, dass er sich in sein Spiegelbild verliebte, als er an einem Teich stand. Er fiel hinein und ertrank. In der Nähe des Teiches erblühte die Blume, die seinen Namen trägt.

Der Name Iris stammt von der gleichnamigen griechischen Göttin. Für die Griechen war sie die Götterbotin. Ihr Symbol ist der Regenbogen.

3

Bedecke die Zwiebelspitzen mit ein wenig Erde und stelle den Topf zwei Monate lang an einen kühlen und dunklen Ort.

4

Gieße die Tulpenzwiebeln regelmäßig. Nach den zwei Monaten stellst du den Topf an einen sonnigen Platz.

5

Im Frühling beginnen die Tulpen zu blühen. Nach der Blüte entfernst du die welken Blüten und die trockenen Blätter.

Einen Baum züchten

Bäume stellen seit jeher eine Quelle unerschöpflichen Reichtums dar. Sie liefern dem Menschen Sauerstoff zum Atmen, das Holz zum Feuermachen, die Früchte, die er isst. Wenn man einen großen und majestätischen Baum betrachtet, kann man sich nur schwer vorstellen, dass er aus einem ganz kleinen Samen entstanden ist. Auch du kannst diese spannende Erfahrung machen und aus einem einfachen Samen einen Baum züchten.

Wusstest du?

... dass der größte Baum der kalifornische Mammutbaum ist?

Die Mammutbäume erreichen eine Höhe von 100 Metern.

Die Bonsai hingegen sind die kleinsten Bäume.

Um das Alter eines Baumes zu bestimmen, zählt man seine Ringe.

1

Während des Winters steckst du die Samen zum Trocknen in ein wenig Sand und bewahrst sie in einem trockenen Raum.

2

Zu Beginn des Frühjahrs bereitest du den Topf vor: Auf den Boden streust du eine Handvoll Kies und schüttest dann feuchte Gartenerde darüber.

3

Mit dem Finger bohrst du ein Loch in die Erde und steckst den Samen drei Zentimeter tief hinein.

4

Bohre ein Paar Luftlöcher in die Folie und decke den Topf damit ab. Entferne die Folie wieder, sobald die Keime zu sprießen beginnen.

5

Gieße das Pflänzchen dreimal in der Woche. Der kleine Baum wird wachsen und kann nach wenigen Monaten umgetopft werden.

Richtig umtopfen

Umtopfen ist eigentlich gar nicht schwierig, wenn du gewisse Regeln befolgst. Die Pflanzen werden umgetopft, wenn sie zu groß für ihren Topf geworden sind und mehr Platz brauchen. Die beste Zeit hierfür ist das Frühjahr oder der Sommer, je nach Pflanzenart. Wenn du keinen Garten hast, kannst du auch einen Blumenkasten verwenden, den du mit Blumenerde füllst.

Wusstest du?

... dass Umtopfen eigentlich ganz einfach geht, du aber dennoch einige Dinge beachten musst?

Falsch umgetopft!
Es ist zu viel Erde im Topf. So wird das Gießen behindert. Die Wurzeln der Pflanze sind auf unnatürliche Art nach oben gebogen. So kann sie nur langsam wachsen.

Richtig umgetopft!
Am oberen Rand des Blumentopfs ist ein Zentimeter frei. Die Wurzeln zeigen nach unten.

1

Gieße die Pflanzen, bevor du sie aus dem Topf herausziehst. Bohre mit einem Stäbchen in regelmäßigen Abständen Löcher in die Erde des Topfes, in den du die Pflanze umtopfen möchtest.

2

Ziehe die erste Pflanze aus der Erde: Halte sie an den Blättern fest und lockere die Wurzel mit einem Stöckchen.

3

Stecke die Pflanzenwurzeln
in die vorbereiteten Löcher
und drücke die Erde fest.
Mit den anderen Pflanzen
machst du es genauso.

4

Gieße die Pflanzen und decke sie mit
dem Zeitungspapier ab, das du auf die
vier Holzpflöcke steckst. So können sie
sich an ihre neue Umgebung gewöhnen.

5

Nach drei Tagen Schatten kannst
du die Zeitung wieder entfernen. Jetzt
brauchen sie Licht und Sonnenwärme.

Dein kleines Treibhaus

Punkt 1

Punkt 2

Punkt 3

1

Beim Bau dieses Treibhauses musst du dir von einem Erwachsenen helfen lassen. Bohre in den Boden der Kiste zwei oder drei Löcher, damit das Wasser abfließen kann.

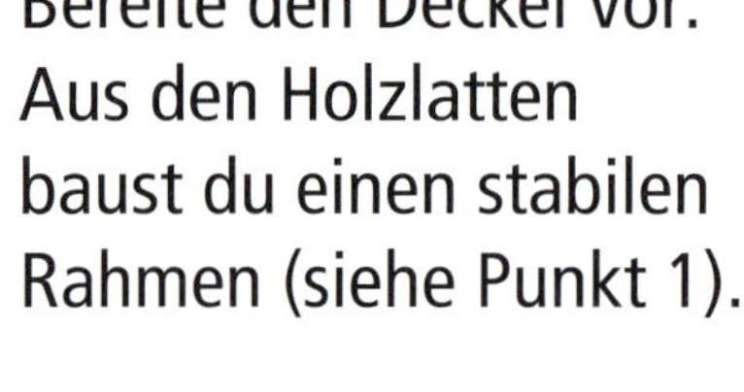

2

Bereite den Deckel vor: Aus den Holzlatten baust du einen stabilen Rahmen (siehe Punkt 1).

3

Streiche den Rahmen und die Kiste mit dem wasserabstoßendem Lack und lasse beides einen Tag trocknen.

4

Baue den Deckel fertig: Klebe
die Kunststofffolie mit dem
Leim auf den Rahmen.

5

Lege den Deckel auf die Kiste und
befestige ihn mit den beiden
Scharnieren (siehe Punkt 2).

6

Bringe den Verschluss so an der
Kistenöffnung an, dass sie auch
bei starkem Wind nicht aufgeht
(siehe Punkt 3).

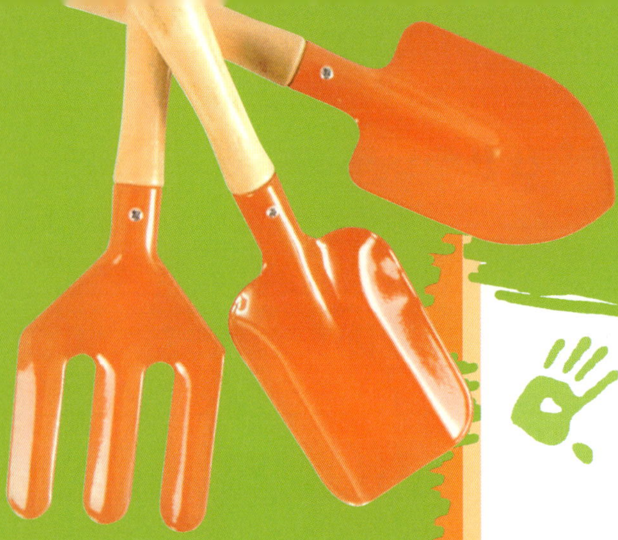

So baust du im Treibhaus an

Bei der Vorstellung an einen Garten, denkst du sicher an einen großen Platz im Freien. Aber es gibt auch überdachte Gärten. Treibhäuser sind spezielle Gebäude, in denen die Pflanzen durch das Glasdach Licht bekommen. Gleichzeitig haben sie es dort das ganze Jahr über warm. Selbst wenn es draußen schneit, ist in deinem Treibhaus alles grün und blüht.

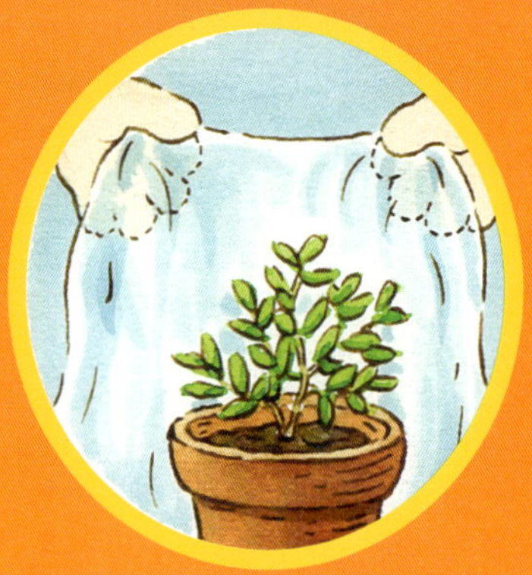

1

Verteile den Kies auf dem Boden des Treibhauses. Füge ein wenig Sand hinzu und schütte Gartenerde und Torf darauf.

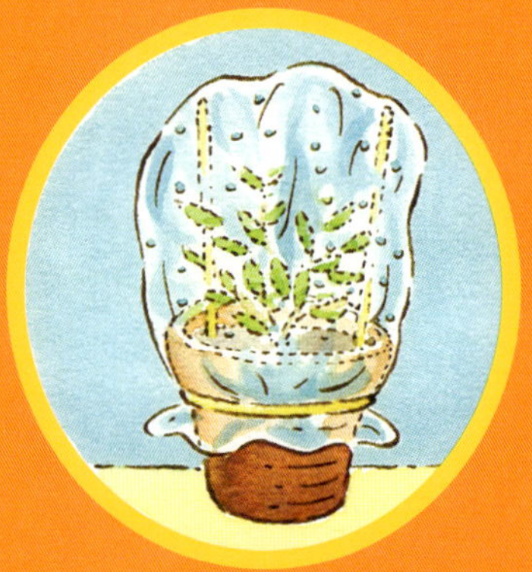

2

Befeuchte die Erde mit der Sprühflasche. Dann legst du in einer Reihe zwei oder drei Samen pro Quadratzentimeter auf die Erde.

Kies

Sand

Kärtchen und Zahnstocher

verschiedene Tütchen
mit Blumensamen

Gartenerde

1 Filzstift

Torf

1 Schaufel

3

Schreibe die Namen
der Blumen auf
die Kärtchen und
stecke sie dann
neben die entsprechenden
Samen.

4

Bestreue die Samen
mit zwei bis drei Zentimetern
Erde und gieße sie jeden Tag.

5

Wenn die
Pflänzchen
größer sind,
kannst du sie
in den Garten
oder in einen
Blumenkasten
setzen.

Dein Pflanzenbuch

Wenn du dir ein schönes Andenken an Spaziergänge im Gebirge oder auf dem Land erhalten möchtest, kannst du dir dein eigenes Pflanzenbuch gestalten. In diesem sammelst du getrocknete Blumen. Pflücke aber nur einige Exemplare der häufigsten Sorten. Achte darauf, dass du keine Arten pflückst, die selten und geschützt sind.

Wusstest du?

... dass die Beeren vieler Pflanzen sehr giftig sind, obwohl sie ganz lecker aussehen?

Die Tollkirsche hat kugelförmige rote oder schwarze Beeren.

Die Zaunrübe ist ein Klettergewächs mit roten Früchten.

Auch die roten Früchte des Maiglöckchens sind giftig.

1

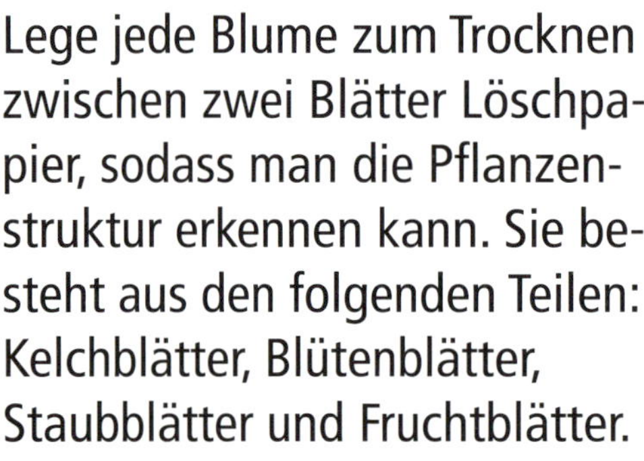

Schneide die Stängel unten ab und lege die Blumen in den Plastikbehälter. Am besten beschriftest du sie gleich, damit du weißt, wo du sie gesammelt hast.

2

Lege jede Blume zum Trocknen zwischen zwei Blätter Löschpapier, sodass man die Pflanzenstruktur erkennen kann. Sie besteht aus den folgenden Teilen: Kelchblätter, Blütenblätter, Staubblätter und Fruchtblätter.

Löschpapier

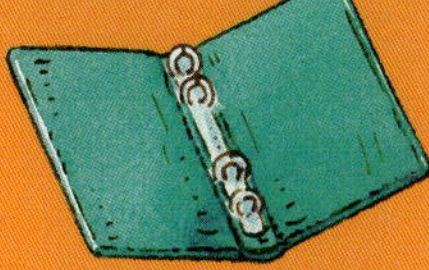
1 Ringbuch

1 Plastikbehälter

2 schwere Bücher

dünnes Tonpapier

Tesafilm

1 Schere

Kunststofffolien
für Schnellhefter

3

Lege das Löschpapier zwischen zwei
Bücher. Wie lange das Trocknen dau-
ert, hängt vom Wassergehalt
der Blumen ab.

4

Nach ca. drei Wochen
kannst du die getrockneten
und gepressten Blumen mit
Tesafilm auf das Tonpapier
kleben. Dieses legst du dann
in die Schnellhefterfolien.

5

Schreibe auf die Blätter deine Informationen:
den Namen der Blume, das Datum, an dem du
sie gepflückt hast, die Bodenart. Ordne alle
deine gesammelten Blumen in dein Ringbuch ein.

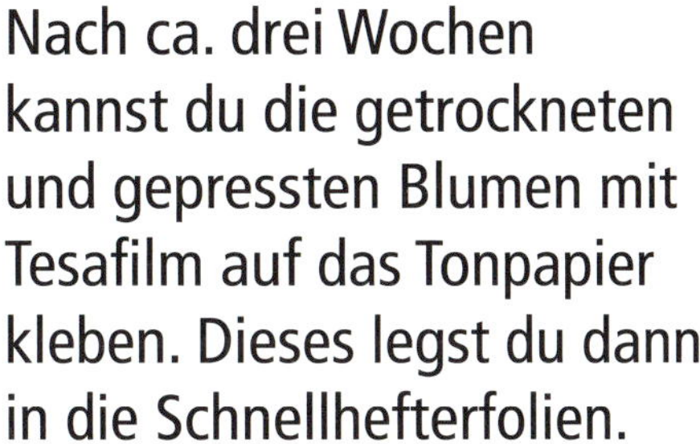

Der Felsengarten

Manche Gebirgspflanzen, wie der Hahnenfuß, bleiben klein, damit sie sich vor Unwettern besser schützen können.

Andere, wie das Edelweiß, sind mit einem dichten, hellen Flaum überzogen, der die Sonnenstrahlen reflektiert.

Bewunderst du bei einem Spaziergang im Gebirge auch die vielen bunten Blumen, die zwischen den Steinen und Felsen wachsen? Du kannst dir auch zu Hause einen Felsengarten anlegen, wenn du ein paar Regeln befolgst. Der Frühlingsbeginn ist die beste Jahreszeit zum Pflanzen. Denk daran, dass die Pflanzen nicht größer als 15 Zentimeter sein dürfen.

1 Lege die Kunststofffolie in die Kiste und verteile eine drei Zentimeter hohe Schicht Sand darauf.

2 Lege den Stein in die Mitte der Kiste. Vermische ein wenig Sand mit Gartenerde und fülle damit die kleinen Löcher, die der Stein hat. Bedecke ihn mit Moos.

1 Stiefmütterchen
1 Primel

1 Blatt durchsichtige
Kunststofffolie

1 Obstkiste aus Holz
mit einem hohen Rand

1 Stein als Felsen, Moos

Gartenerde und Sand

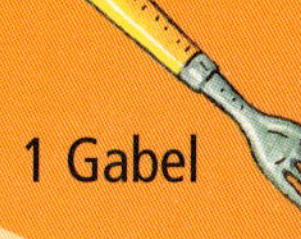

1 Gabel

einige Steinchen

3

Forme aus den Steinchen zwei kleine Kreise, die aussehen wie Mini-Blumentöpfe.

4

Vermische Sand mit Gartenerde und fülle ihn in die „Blumentöpfe" hinein. In die Mitte setzt du die Blumen.

5

Mit der Gabel „kämmst" du Wellen in den Sand. Stelle deinen Garten ins Licht und besprenge ihn jeden Tag mit der Sprühflasche.

Hängende Gärten

Die berühmtesten hängenden Gärten sollen sich im legendären Babylon befunden haben. Auf dreißig künstlich angelegten Terrassen sollen sie sich wie große Freitreppen zum Himmel erhoben haben. Der Sage nach hat König Nebukadnezar die Gärten für seine junge Ehefrau anlegen lassen.

1

Bohre ein Loch in den Schwamm, durch das du die Schnur ziehen kannst. Fädle sie ein und verknote sie, damit sie nicht mehr herausrutscht.

2

Mache den Schwamm nass und wringe ihn aus.

Wusstest du?

... dass viele Pflanzenarten weiterverarbeitet werden?

Gerste ist ein Getreide, aus dem man Bier produziert.

Klee wird als Futterpflanze angebaut.

Aus den Flachsstängeln werden Textilfasern gewonnen.

3

Stecke die Pflanzen-
samen in die Löcher
des Schwammes.

4

Bitte einen Erwachsenen,
dir beim Befestigen des
Schwammes zu helfen.
Am besten hängst du ihn
ans Fenster, weil dort ausrei-
chend Sonne hinkommt.

5

Besprühe deinen Hängegarten jeden
Tag mit Wasser. Nach ungefähr zwei Wochen
werden aus deinem Schwamm wunderschöne bunte Blüten und Blätter wachsen.

Der Wassergarten

Hast du schon einmal einen Fisch gesehen, der an Land lebt, oder ein Landtier, das im Wasser gut zurechtkommt? Pflanzen sind da viel anpassungsfähiger. Wenn sie keine Erde haben, genügen einigen Pflanzen Wasser und ein paar Nährstoffe zum Leben. Diese spezielle Anbauart heißt Hydrokultur. Ihr Vorteil ist, dass sie sehr pflegeleicht ist. Ein wenig Flüssigdünger in regelmäßigen Abständen genügt.

1

Schütte auf den Boden der Wanne eine Schicht Kies, dann eine Schicht Erde und dann noch eine Schicht Kies (die Wanne soll zu einem Drittel gefüllt sein).

2

Setze die Wasserpflanzen in die Wanne. Nimm einige Steinchen und lege sie um deren Stängel herum. So vermeidest du, dass sie an die Wasseroberfläche treiben.

Wusstest du?

... dass einige Pflanzen im Wasser wachsen und deswegen Wasserpflanzen heißen?

Die Seerose gedeiht in Teichen und Seen mit Süßwasser. Dort ist die Wasseroberfläche oft mit dichten Blütenteppichen bedeckt.

Die Lotusblume hat große Blüten und kleine, essbare Früchte, die sehr süß schmecken. Sie hat sehr lange Wurzeln, die sogar länger als einen Meter werden können.

3

Fülle mit der Gießkanne
Wasser in die Wanne und pass
dabei auf, dass die Pflanzen
nicht wieder verrutschen.

4

Gib die Wasserlinsen
dazu und fertig ist
dein Wassergarten.

5

Pflege deinen Garten regelmäßig: Beschneide die Pflanzen, wenn
sie zu sehr wachsen, und fülle Wasser nach, wenn es verdunstet.

Der Kräutergarten

Hättest du gerne ein duftendes Gärtchen zu Hause? Auf einem kleinen Balkon kannst du dir z.B. mit Basilikum, Schnittlauch, Minze, Rosmarin und Salbei ganz einfach einen Kräutergarten anlegen. Die Küchenpflanzen lieben die Sonne, also stelle sie in Richtung Süden, wenn möglich an eine Mauer, wo es noch ein wenig wärmer ist. Außerdem sind sie dort besser vor Regen und Wind geschützt.

1

Pflanze den Salbei und den Rosmarin in große Töpfe mit einem Durchmesser von ca. 20 Zentimetern. Stutze sie gelegentlich mit einer kleinen Schere, um zu vermeiden, dass sie zu hoch werden und am unteren Ende verholzen. Salbei und Rosmarin lieben die Sonne und müssen während der kalten Jahreszeit ins Haus gestellt werden.

Tontöpfe in verschiedenen Größen

Schnittlauchzwiebeln

Minze- und Basilikum-
pflanzen

Salbei- und Rosmarin-
pflanzen

1 Schaufel

1 Gießkanne

spezielle Erde
für Küchenkräuter

2

Minze und Basilikum
bevorzugen die Sonne,
aber sie gedeihen auch
gut an einem warmen,
windgeschützten Plätzchen im
Schatten.
Wenn sie zu blühen beginnen,
musst du die Knospen entfernen.

3

Schnittlauch ist eine Zwiebelpflanze,
genau wie Knoblauch. Im Frühjahr
steckst du die kleinen Zwiebeln in
einen Topf mit spezieller Erde für
Küchenkräuter. Diese Pflanze liebt die
Sonne, braucht es aber auch immer
leicht feucht. Deswegen musst du sie
alle zwei Tage gießen.

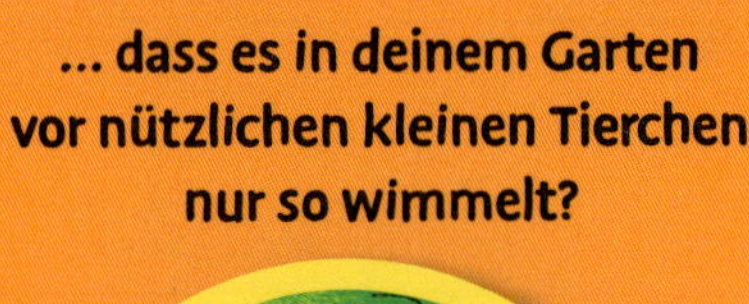

Das Vogelhaus

... dass es in deinem Garten vor nützlichen kleinen Tierchen nur so wimmelt?

... dass Marienkäfer Blattläuse fressen und so deine Pflanzen sauber halten?

... dass aus Raupen wunderschöne, bunte Schmetterlinge werden?

... dass man Bienen für die Bestäubung braucht?

Die Vögel, die in Baumlöchern oder Felsen nisten, statt sich ein Nest zu bauen, haben in der Stadt oftmals Schwierigkeiten, geeignete Nistplätze zu finden. Spatzen, Meisen und Stare werden die Nistkästen zu schätzen wissen, die du für sie baust.

1

Klebe die bunte Folie in den Schuhkarton.

2

So baust du den Nesteingang: Zeichne mit dem Zirkel auf den Deckel einen Kreis von 7 – 8 cm Durchmesser und schneide ihn aus.